Mein neues Leben - Norwegen
Eileen Stiller

Der Ratgeber zum Einwandern, Leben und Arbeiten in Norwegen

Warum ausgerechnet Norwegen? Ungläubig, fast skeptisch reagieren viele Menschen des südlicheren Europa auf den Entschluss des Freundes, nach Norwegen auszuwandern und sich dort im hohen Norden ein neues Leben aufzubauen. Norwegen, das hat so gar nichts gemein mit dem Klischee eines Aussteigers, der am Sandstrand von Mallorca unbekümmert in der Sonne liegt. Zum Glück!, denken sich jedoch immer mehr Deutsche. Ihnen hat Norwegen anderes zu bieten: im Norden Mitternachtssonne und Polarlicht, im Süden Schärenküsten und Fischerorte, dazwischen weite Hochebenen und wildromantische Fjorde.

Der vorliegende Ratgeber richtet sich an all jene Menschen, die mit dem Gedanken spielen, dauerhaft oder auf Zeit nach Norwegen zu ziehen. Rund 15.000 Deutsche haben „Norge" bereits gewagt – das ist norwegisch und bezeichnet nicht nur das Land selbst, sondern auch den „Weg nach Norden". Ungezählte weitere halten sich die Option zum ersten Schritt offen. Warum sollten nicht auch sie sich auf den Weg machen?

Das Leben erfordert Kraft, Verstand und Willen, sagt ein norwegisches Sprichwort. Das trifft auch die Anforderungen an Auswanderer ziemlich gut. Als Auswanderer brauchen Sie: Kraft, sich von dem bisherigen Leben in Deutschland abzukoppeln. Verstand, sich mit möglichen Schwierigkeiten frühzeitig und realistisch auseinanderzusetzen, um das Auswandern nicht zur Flucht ins Paradies zu verklären. Zuletzt den Willen, den gefassten Entschluss in die Tat umzusetzen. Denn entscheidend ist letzten Endes dies: Den idealen Zeitpunkt zum Auswandern gibt es nicht. Sie müssen es einfach machen.

ISBN 978-3-86551-155-3
1. Auflage 2009

Printed in Germany
Gedruckt auf chlorfrei gebleichtem Papier

Copyright © 2009

Verlag Rat & Reise GmbH
Memeler Straße 30, 42781 Haan
www.rat-reise.de
E-Mail: redaktion@rat-reise.de

Autorin: Eileen Stiller

Lektorat: Ricarda Essrich (www.wortsalat.info)

Satz: rent a mind GmbH (www.rent-a-mind.de)

Projektleitung: Sandro Lucifora

Coverfotos: AlexQ, Uwe Bumann

"Mein neues Leben" ist eine lizensierte Marke von kabel eins.
Lizenz durch: MM MerchandisingMedia GmbH, Medienallee 9,
85774 Unterföhring, Tel.: 089/95078600, Fax: 089/95078700, e-mail:
info@merchandisingmedia.com, www.merchandisingmedia.com,
[Änderung vorbehalten]

Bibliografische Information

Die Deutsche Bibliothek verzeichnet diesen Titel in der Deutschen
Nationalbibliografie; detaillierte bibliografische Daten sind im Internet unter http://dnb.ddb.de abrufbar.

Wichtiger Hinweis

Alle Angaben zu diesem Buch wurden von der Autorin mit größter Sorgfalt erarbeitet, zusammengestellt und unter Einschaltung
wirksamer Kontroll-Maßnahmen reproduziert. Dennoch sind Fehler
nicht ganz auszuschließen. Der Verlag weist deshalb darauf hin,
dass weder eine Garantie für die Richtigkeit der in diesem Buch er-
folgten Angaben noch die juristische Verantwortung oder irgend
eine Haftung für Folgen, die auf fehlerhafte oder unvollständige
Angaben zurückgehen, übernommen werden kann. Für einen Hinweis auf eventuelle Fehler ist der Verlag jederzeit dankbar.

Inhaltsverzeichnis

Einführung

Über Norwegen

„Endlich mein!" Das notierte der Amerikaner Robert E. Peary am 6. April 1909 in sein Logbuch, als er mit seiner Expedition den nördlichsten Punkt der Erde erreichte. Ob er nun tatsächlich den Nordpol als erster betrat oder ihm, wie manche vermuten, sein früherer Expeditionsarzt Frederick Cook um ein Jahr zuvorgekommen war – die Inbrunst, mit der Peary den hohen Norden für sich entdeckte, ist jedem Auswanderer zu wünschen. Denn Norwegen, das ist mehr als Räucherlachs und „Lutefisk" (gelaugter Fisch), Stabkirchen und „Bunad" (die Nationaltracht), Mitternachtssonne und „Aurora Borealis" (Nordlichter). Norwegen ist gewissermaßen eine Einstellung.

Norwegen – eine Einstellung

Im Norden fühlt sich wohl, wer mit der sprichwörtlichen skandinavischen Gelassenheit sympathisiert. Norweger leben in einer ruhigen, freizeitorientierten Gesellschaft – Sport, Hobbys und Familie sind sehr wichtig. In den dunklen Wintermonaten ziehen sich die ohnehin als schweigsam geltenden Norweger ins behagliche Heim zurück. Im Sommer gleichen sie dann den Lichtmangel beim gemeinsamen Wandern, Grillen oder Schwimmen aus.

Ein kräftiger Händedruck gilt beim Kennenlernen mehr als Bussi links, Bussi rechts. Das Duzen und Nennen beim Vornamen ist im Vereinsheim genauso üblich wie im Büro. Überstunden macht allenfalls der frisch zugezogene Auswanderer, der sich noch in seiner

Tretmühle abstrampelt und irritiert aufblickt, wenn sich der norwegische Kollege pünktlich in den Feierabend verabschiedet.

Markenzeichen: Mischwirtschaft

Die norwegische Wirtschaft wird im Fachjargon als Mischwirtschaft bezeichnet – eine kapitalistische Marktwirtschaft mit einem deutlichen Einfluss des Staates über Beteiligungen, Besteuerungen und Regulierungen. Seine Eigenheiten behält sich Norwegen auch anderweitig vor: Es ist kein Mitglied Europäischen Union (EU) und verteidigt fleißig seine eigene Währung (1 Norwegische Krone/NOK = 100 Øre, sprich: „Öhre"). Durch das Abkommen über die Europäische Wirtschaftszone (EWR) zwischen den EU-Ländern und der Europäischen Freihandelszone (EFTA) nimmt Norwegen allerdings am Binnenmarkt der EU teil.

Seit den 1970er Jahren legt Norwegen einen beispiellosen Wirtschaftsaufschwung hin. Durch die Erschließung bedeutender Öl- und Erdgasvorkommen wandelte es sich binnen weniger Jahrzehnte vom unaufgeregten Landstrich mit Agrarwirtschaft und Fischerei als Haupteinnahmequelle zu einer der prosperierendsten Volkswirtschaften der Welt.

Hinkender Arbeitsmarkt

Gerade deutschen Arbeitnehmern stehen in Norwegen seither viele Türen offen. Sie bringen Fachkenntnisse mit, die unter norwegischen

Über Norwegen

Arbeitern noch vergleichsweise wenig verbreitet sind. Der Reichtum kam für die Ausbildungspraxis einfach zu schnell.

Die Arbeitslosenquote betrug im Oktober 2008 kaum nennenswerte 1,7 %. Zwar machen sich erste Tendenzen einer wirtschaftlichen Abkühlung bemerkbar. Aber nach wie vor gilt: In Norwegen werden die höchsten Löhne Europas gezahlt und der Staat garantiert ausgezeichnete Sozial- und Versicherungsleistungen. Hinzu kommen vorbildliche Regelungen, mit denen sich Job und Familie unter einen Hut bringen lassen.

Demokratie und Monarchie

Auf ihre Monarchie lassen die Norweger nichts kommen – von einer zwischenzeitlichen Befindlichkeitsstörung kurz vor der Heirat des Kronprinzen Haakon mit der umstrittenen Bürgerlichen Mette-Marit (heute „Königin der Herzen") einmal abgesehen. Die Wurzeln der norwegischen Monarchie reichen mehr als tausend Jahre zurück. Nachdem das Land 400 Jahre als „Vasallenstaat" unter der Zwangsunion mit Dänemark bzw. Schweden gelitten hatte, war es die Krönung des ersten unabhängig gewählten Königs Haakon VII., die 1905 zum Symbol der wiedererlangten Selbstständigkeit und Freiheit Norwegens erkoren wurde.

Heute ist Norwegen eine Parlamentarische Monarchie. Das Parlament (Stortinget) arbeitet nach dem Zwei-Kammern-System, in der Regel unter der Regierung einer Koalition aus mehreren Parteien. Die Verfassung, inzwischen mehrfach überarbeitet, ist eine der ältesten der Moderne, sie stammt aus dem Jahr 1814. Das eigenständige Grundgesetz blieb in Kraft, obwohl Norwegen noch im selben Jahr Schweden angegliedert wurde. Damit bekam die Demokratie eine ideologische Basis, die bis heute trägt. Der Nationalfeiertag am 17. Mai, Geburtstag der Verfassung, ist mit Abstand der wichtigste Feiertag und wird bis in die hintersten Gebirgswinkel zelebriert.

Natur pur

Bei den prächtigen wirtschaftlichen Rahmenbedingungen wird sich ein Auswanderer zwar kein klischeehaftes Häuschen am Strand leisten, dafür aber eine Hytta am Fjord, was als berechtigte und charmante Alternative gelten darf. Denn das, was die Norweger ganz bescheiden „Hütte" nennen, sind nicht selten Holzhäuser, die in Sachen Ausstattung und Komfort keine Wünsche offen lassen. Bestenfalls liegen diese Häuser inmitten faszinierender Landschaft mit Blick auf gewaltige Gletscher, tosende Wasserfälle, raue Steilküsten und natürlich Fjorde, jene ertrunkenen Täler des Nordens.

Norwegens Natur bietet einen Facettenreichtum, der für sich genommen schon eindrücklich genug wäre. Dazu lässt er sich aber auch noch hervorragend genießen: Gerade mal 4,5 Millionen Menschen sind es, die sich in ganz Norwegen verlieren – auf einer Fläche annähernd so groß wie Deutschland. Das lässt viel Raum für den Einzelnen. Allen voran Angler wissen diese Einsamkeit zu schätzen. Sie haben allerdings auch die Qual der Wahl: Norwegens

Über Norwegen

Fischgewässer umfließen – Fjorde und Inseln eingerechnet – eine Küstenlänge von 57.000 Kilometern.

❧ Spannungsreiche Städte

Den sprichwörtlichen Einsamkeitskoller muss aller Weiträumigkeit zum Trotz niemand fürchten. Norwegens Städte können mit der Lebendigkeit südlicherer Metropolen mühelos mithalten. Ihre Kontraste machen sie vielleicht sogar noch eine Prise reizvoller:

» Oslo pulsiert im Großstadttakt und ist gleichzeitig so überschaubar, dass alle Sehenswürdigkeiten zu Fuß erreichbar sind. Hier locken seit Kurzem ein spektakuläres Opernhaus und seit jeher der Golfstrom, der im Sommer das Wasser an der rund 200 Kilometer langen Schärenküste mit ihren Sandstränden auf wohlige 20°C erwärmt.

» Die quirlige Hansestadt Bergen ruht wie im Märchen am Fuße von sieben Bergen. Dank ihrer zum Weltkulturerbe gekürten Kontorhaussiedlung Bryggen geht die moderne Universitätsstadt mit dem Mittelalter Hand in Hand.

» Die Region Stavanger rühmt sich der Auszeichnung als Europäische Kulturhauptstadt 2008 und veranstaltet mit dem Gladmat das größte kulinarische Festival des Nordens. Gleichzeitig kragen

hier archaische Felsplateaus über den Fjorden heraus: die Kante des berühmten Preikestolen fällt mit 604 Höhenmetern senkrecht ins Meer und der Kjerag sogar mit 1.100 Metern.

❧ Das verkannte Klima

Norwegens Klima ist besser als sein Ruf. Obwohl Norwegen auf dem gleichen Breitengrad wie Alaska, Grönland und Sibirien liegt, herrschen auf dem Festland vergleichsweise milde Temperaturen. Grund dafür sind die Passatwinde des Nordatlantik und der warme Golfstrom. Zwischen Mitte Juni und Mitte August sind die Tage am längsten, hellsten und wärmsten. Mit bis zu 30°C macht die sommerliche Südküste ihrem Spitznamen „Riviera des Nordens" dann alle Ehre. Richtig bitterkalt wird es eigentlich nur im hohen Norden. Während der Wintermonate klirrt etwa in der Finnmark das Thermometer schonmal auf –40°C herunter.

Regen fällt im Großteil des Landes eher moderat. Denn die Wolken werden durch die Gebirgszüge im Westen vom östlichen Binnenland abgeschirmt. Dafür kommt es dann im Westen zum Wolkenbruch – Bergen darf sich des Titels als regenreichste Stadt Europas rühmen. Und, zugegeben: Der an der Küste und in den Bergen kräftige Wind mit 6–7 Stärken kann einem schonmal die nordische Gelassenheit wegpusten.

Über Norwegen

❦ Anreise nach „Norge"

Die rund 1.000 Kilometer zwischen Berlin und Oslo sind schneller überwunden als vermutet. Zumindest gefühlsmäßig. Denn schon die Fahrt nach Norwegen kann zu Ihrem Abenteuer Auswandern gehören: Schöner etwa als im Morgengrauen mit der Fähre durch den 100 Kilometer langen Oslofjord lässt sich kaum gen Norden reisen. Alternativ können Sie mit dem Flugzeug aus der Vogelperspektive die spektakulären Gebirgsschluchten bestaunen.

Über genaue Preise informieren Sie sich bitte bei den einzelnen Anbietern, jede Fähr- und Fluggesellschaft hat mehrere Tarife und zuweilen Sparangebote. Neben den eigentlichen Anreisekosten sollten Sie außerdem Faktoren wie Reisezeit und Nebenkosten (Benzin, Maut u. Ä.) berücksichtigen. Die billigste Anreise muss dabei nicht unbedingt die passendste sein, die schnellste nicht die angenehmste.

❦ Mit dem Auto

Drei verschiedene Anreisewege sind für die Fahrt mit dem Umzugswagen geeignet: mit der Fähre direkt von Deutschland nach Norwegen; über Dänemark und von dort mit der Fähre nach Norwegen; oder auf dem Landweg über Ostdänemark, Öresundbrücke und Schweden, wobei Sie den Weg nach Schweden wiederum abkürzen können mit Fähren der „Stena Line" (von Fredrikshavn (DK) oder Kiel nach Göteborg bzw. von Grenå (DK) nach Varberg). Im Folgenden finden Sie nur die Fähren, die Sie direkt nach Norwegen schippern.

❦ Mit dem Flugzeug

Mit dem Flugzeug können Sie von zahlreichen Städten in Deutschland direkt nach Norwegen fliegen. Die internationalen Flüge bringen Sie nach Oslo, Bergen, Stavanger, Trondheim und Kristiansand. Von dort aus können Sie ohne größeren Aufwand zu den über 50 Flughäfen und -plätzen im übrigen Land weiterfliegen, selbst am gefühlten Ende der Welt hinter dem Polarkreis. Wenn Sie an Ihrem Ankunftsort bleiben, gelangen Sie mit Flughafenbussen („Flybussen", www.flybussen.no) oder den Regionalzügen der Norwegischen Staatsbahn („NSB", www.nsb.no) in meist weniger als 45 Minuten ins jeweilige Stadtzentrum; vom Flughafen Oslo-Gardermoen aus verkehrt alle zehn Minuten der sogenannte Flugzug („Flytoget", ww.flytoget.no).

Zu den Fluglinien, die Norwegen direkt anfliegen, gehören: „SAS Scandinavian Airlines" (www.flysas.de) und „Lufthansa" (www.lufthansa.de). Außerdem die Low-Cost-Airlines „Ryanair" (www.ryanair.de), „Air Berlin" (www.airberlin.de) und „Norwegian" (www.norwegian.com). Einen guten Preisvergleich über Linien- wie Billigflüge bieten die Internetseiten www.billig-flieger-vergleich.de und www.skyscanner.de.

Über Norwegen

Übersicht Anreise mit der Fähre

Welche Fähre nehmen Sie nach Norwegen?

Route	Dauer (ca.)	Fahrzeiten	Anbieter	Bemerkung
Fähre Kiel (D)–Oslo (N)	20 Stunden	1 x täglich Abfahrt 14:00 Uhr, Ankunft am Folgetag um 10:00 Uhr	„Color Line", www.colorline.de	Luxusfährschiffe, vergleichsweise teuer, komfortabel, kurze Autofahrt nötig, traumhafte Strecke durch den Oslofjord
Fähre Hirtshals (DK)–Kristiansand (N) oder Larvik (N)	3–4 Stunden	2 x täglich Abfahrten 12:45, 20:45 beziehungsweise 22:15 Uhr; in der Hochsaison gibt es zusätzliche Abfahrten	„Color Line", www.colorline.de	neue Superspeed-Schiffe, identische Preise nach Kristiansand und Larvik, unbedingt veränderte und zusätzliche Abfahrtzeiten in der Hochsaison kontrollieren!
Fähre Kopenhagen (DK)–Oslo (N)	16 Stunden	1 x täglich Abfahrt 17:00 Uhr, Ankunft am Folgetag um 9:30 Uhr	„DFDS Seaways", www.dfdsseaways.de	nach Kopenhagen via Fähre Puttgarden-Rödby mit „Scandlines" (regelmäßige Abfahrt, 45 Minuten)
Fähre Fredrikshavn (DK)–Oslo (N)	8 bzw. 13 Stunden	In der Nebensaison: Abfahrten Mo um 18:30 Uhr, Ankunft Di 7:30 Uhr; Mi bis So 10:00 Uhr in der Hochsaison Abfahrt täglich um 10:00 Uhr	„Stena Line", www.stena-line.de	ab 26.08.2009 Abfahrt um 9.30 Uhr, günstig
Fähre Hirtshals (DK)–Stavanger (N) oder Bergen (N)	12 bzw. 20 Stunden	3 x wöchentlich nach Bergen Abfahrt Di 14:30, Do, So 12:30 Uhr, 4 x wöchentlich nach Stavanger Abfahrt Di 14:30, Do 12:30, Sa 8:30, So 12:30 Uhr	„Fjordline", www.fjordline.de	an manchen Tagen günstige Angebote nach Stavanger, nach Bergen teurer wegen Kabinenpflicht

Über Norwegen

⚙ Steckbrief

Ein paar Fakten zu „Ihrem" zukünftigen
Heimatland:

Das Land

» **Offizieller Name**
Kongeriket Norge
(Königreich Norwegen)

» **Offizielle Sprachen**
Norwegisch (Bokmål und Nynorsk)
Samisch

» **Währung**
Norwegische Krone (NOK, in Norwegen
nkr): ca. 0,11 Euro (10 NOK = ca. 1,10
Euro)

» **Bevölkerung**
4.799.300 Einwohner (Januar 2009)
davon Sámi: geschätzte 37.760 (Norwegens Urbevölkerung; hinzu kommen fünf
nationale Minderheiten)
davon deutsche Einwanderer: 16.348

» **Staatsform**
Parlamentarische Monarchie, seit 1905

» **Nationalfeiertag**
17. Mai (Tag der Verfassung im Jahre
1814)

» **Premierminister**
Jens Stoltenberg (seit 2005)

» **Verwaltung**
19 Fylke (Provinzen)
sympathisch: Bei der offiziellen Numme-
rierung wurde die „Unglückszahl"
13 ausgespart)

» **Königshaus**
Harald V., König von Norwegen,
geboren am 21. Februar 1937
Sonja, Königin von Norwegen,
geboren am 4. Juli 1937
Haakon, Kronprinz von Norwegen,
geboren am 20. Juli 1973
Mette-Marit, Kronprinzessin
geboren am 19. August 1973
Ingrid Alexandra, Prinzessin
geboren am 21. Januar 2004
Sverre Magnus, Prinz von Norwegen
geboren am 3. Dezember 2005

» **Religion**
89 % Evangelisch-lutherische Staatskirche. (Deren Mehrheit ist nicht gerade
religiös aktiv: Gerade 10 % nehmen öfter
als einmal im Monat an Gottesdiensten
teil.)
Des Weiteren u. a.: Christentum
(226.969), Islam (83.684), Humanistische Bewegung (80.659), Buddhismus
(11.038).

Die Geografie

» **Fläche**
Königreich Norwegen: 385.199 km²
Hauptterritorium (mit Binnengewässern,
ohne Svalbard und Jan Mayen): 323.802
km² (7,6 Prozent unter Naturschutz)

Über Norwegen

» **Nord-Süd-Ausdehnung**
1.752 km

» **West-Ost-Ausdehnung**
max. 432 km, min. 2 km

» **Küstenlänge**
Festland einschl. Fjorde: 25.148 km
einschl. Inseln: 58.133 km

» **Größter Binnensee**
Mjøsa (362 km²)

» **Höchster Berg**
Galdhøpiggen (2.469 m)

» **Größter Gletscher**
Jostedalsbreen (487 km²)

Die Wirtschaft

» **Wirtschaftsindikatoren**
Brutto-Inlands-Produkt: 2.537.856 NOK
(+11,5% im Vergleich zu 2007)

» **Brutto-Inlands-Produkt pro Kopf**
532.245 NOK

» **Preissteigerungsrate**
2,5% (im Februar 2009)

» **Arbeitslosenquote**
3% (im Januar 2009)

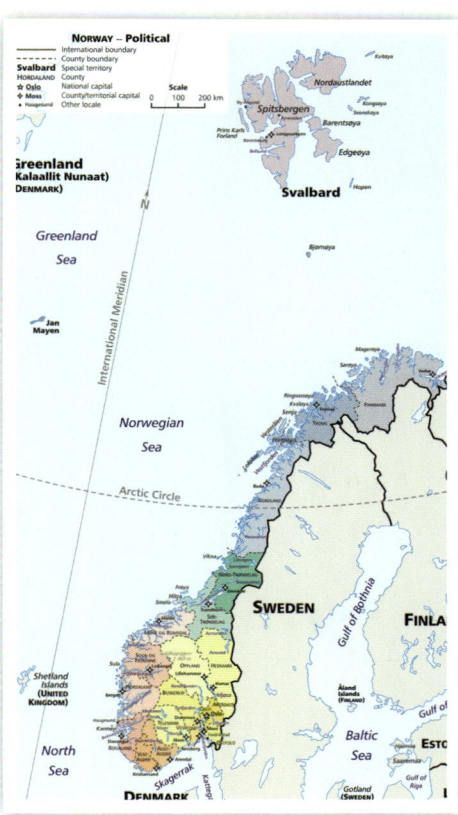

Vorbereitungen

Vorbereitungen in Deutschland

Ein wenig Hilfe will das Glück gern haben, weiß ein weiteres Sprichwort aus Norwegen. Genau das soll Ihnen dieser Ratgeber sein: die entscheidende Hilfe zum Glück. Oft scheitern Pläne nur daran, dass die Möglichkeiten zur Realisierung unklar sind. Einem solchen Zögern, das aus mangelnder Information entsteht, ist mit Entschiedenheit entgegenzutreten. Anderen Auswanderungswilligen wiederum, die sich ihrer Sache sicher sind, will dieser Ratgeber helfen, zu einer realistischen Einschätzung ihrer persönlichen Motive und Träume zu finden.

Sobald Sie in Norwegen innerlich einigermaßen angekommen sind, wird eine gewisse Enttäuschung unvermeidbar sein. Viele Auswanderungswillige machen sich falsche Vorstellungen davon, was es heißt, in einem anderen Land tatsächlich zu leben. Sie kennen Norwegen, wenn überhaupt, durch die Augen des Touristen, der sich weder um steuer- und arbeitsrechtliche Bestimmungen noch um die schnöden Sorgen des Alltags einen Kopf machen muss.

Dabei ist das Wichtigste, was Sie sich als kommender Auswanderer klar machen sollten: Es geht nicht darum, sich schon irgendwie in Norwegen durchzuschlagen. Das haben Sie womöglich schon viel zu lange in Deutschland getan, sei es mit diesem miesen Job oder jener viel zu kleinen Wohnung. Es geht um mehr: Sie möchten in Norwegen Ihre neue Heimat finden.

Aufbruchstimmung

Der Weggang nach Norwegen bedeutet Vorfreude, Aufbruchstimmung und Neugierde auf das, was kommt. Machen Sie sich aber klar, dass es nicht damit getan ist, Hausrat und Haustier in den Umzugswagen zu hieven und von Trautheim nach Tromsø zu fahren. Der Umzug an sich ist eine der aufreibendsten Stationen auf dem Weg ins neue Leben – Stress, Schweiß und familiärer Kleinkrieg inbegriffen. Wenn Sie all das überstanden haben, kann eigentlich nicht mehr viel schiefgehen.

✷ Formalitäten

Bevor es ans Kistenschleppen geht, stehen einige Behördengänge an. Melden Sie sich beim Einwohnermeldeamt an Ihrem Heimatort ab. Die dort ausgestellte Abmeldebescheinigung bewahren Sie gut auf, Sie müssen die Bescheinigung später beim Anmelden in Norwegen vorlegen.

Sofern Sie arbeitslos sind und nicht plötzlich ohne Arbeitslosengeld dastehen wollen, besorgen Sie sich bei der Agentur für Arbeit das Formular „E-303". Mit diesem haben Sie Anspruch darauf, Ihr Arbeitslosengeld drei Monate lang in Norwegen weitergezahlt zu bekommen.

Außerdem wollen zahllose Verträge rechtzeitig gekündigt werden: Telefon, Internet, Versicherungen, Mitgliedschaften, etc. pp. Da Medikamente nur für den persönlichen Gebrauch über die Grenze mitgeführt werden dürfen, sollten

Vorbereitungen in Deutschland

Sie, falls Sie etwa als chronisch Kranker viele Medikamente mitnehmen, eine entsprechende Bestätigung Ihres Arztes besorgen.

❧ Umzug

Jetzt wird's ernst. Der eigentliche Umzug will vorbereitet werden. Die Einfuhr von Umzugsgut nach Norwegen ist grundsätzlich frei von Zoll und anderen Abgaben. Trotzdem gilt: Je weniger Sie mitnehmen, desto kostengünstiger wird es, weil dann der Transport billiger wird. Überlegen Sie, ob wirklich alles mit soll. Müssen der zweite Fernseher oder die meterhohe Stechpalme unbedingt sein? Freunde freuen sich über ein Abschiedsgeschenk, ansonsten können Sie Aushänge an Schwarzen Brettern machen oder die Sachen bei „eBay", www.ebay.de, versteigern. Oder Sie tun ein gutes Werk, indem Sie alles an Hilfsorganisationen wie „Caritas" oder „Diakonie" spenden. Die holen zum Dank den gesamten Hausrat unbesehen und kostenlos bei Ihnen zu Hause ab. Sollten Sie sich partout nicht trennen wollen von Dingen, die Sie eigentlich nicht in Norwegen brauchen, wäre Lagerung eine clevere Lösung. Günstig geht das bei „Selfstorage", www.selfstorage.de.

❧ Transport

Für den Transport haben Sie drei Möglichkeiten. Die erste wäre, Sie fahren selbst. Mieten Sie dafür einen Sprinter oder Mini-Lkw bei den bekannten Autovermietungen „Sixt", „Europcar" und Co., Preise gibt's auf Anfrage.

Die zweite Option wäre eine Beiladung. Ein Transporteur, der sowieso auftragshalber nach Norwegen fährt, packt Ihren Hausrat einfach zu der übrigen Ladung noch hinzu. Ideal ist ein Volumen von zehn bis 15 Kubikmetern, das entspricht etwa der Einrichtung eines kleinen Zimmers oder zwölf bis 15 Umzugskartons. Beiladungen nach Norwegen bieten z. B. die Transportunternehmen „Aurmo International" aus Ransbach-Baumbach (www.aurmo.de) und „Döring & Ritscher" aus Gütersloh (www.doering-ritscher-umzuege.de).

Wenn Sie mehr Hausrat aufgetürmt haben, als Ihr eigener Sprinter oder ein beiladender Transporteur Platz hat, beauftragen Sie eine Möbelspedition. Erfahrene Spediteure erkennen Sie daran, dass diese sich auch um Formalitäten am Grenzübergang kümmern, bestenfalls sogar Norwegisch können. Holen Sie sich Kostenvoranschläge von mehreren Transportunternehmen ein. Dafür eignen sich ausgezeichnet die Onlineportale www.umzugsauktion.de und www.myhammer.de. Die dort registrierten Speditionen unterbreiten Ihnen Angebote, mit denen Sie bis zu 40 % der regulären Kosten sparen.

❧ Vorbereitung für den Zoll

Der Zoll verlangt bei der Einfuhr eine schriftliche Erklärung (Flyttegodserklæring bzw. „RD-0030"). Die können Sie auf der Website des Zolls (Tollvesenet) unter www.toll.no auf Englisch oder Norwegisch herunterladen. Folgen Sie dazu dem Menüpunkt „Skjema og blanketter" und von dort aus „Flyttegodserklæring, RD 0030".

Vorbereitungen in Deutschland

Zusätzlich zu diesem Formular erwartet der Zoll eine Liste aller mitgeführten Gegenstände. Und die kann gar nicht penibel genug sein. Allgemeinbegriffe wie z. B. Küchenutensilien sollten Sie vermeiden, derlei Floskeln sind Lockmittel für betrugwitternde Zöllner. Schreiben Sie stattdessen: „12 Teller, 1 Handrührgerät, 3 Schüsseln mit Sprung". Das Ganze möglichst zweisprachig in Deutsch und Norwegisch, mindestens aber in Englisch.

⅔ Norwegische Finanzspritze

Einige Kommunen und Arbeitgeber bieten eine finanzielle Unterstützung (Etableringshjelp) für den Umzug von ausländischen Mitarbeitern nach Norwegen an. Der Betrag liegt meist zwischen 10.000 und 20.000 NOK, manchmal übernimmt der Arbeitgeber sogar die kompletten Umzugskosten. Fragen Sie ohne Scheu bei Ihrem künftigen Arbeitgeber nach, ob er selbst oder die Kommune da etwas in petto hat.

⅔ Mitbringsel

Falls kurz vor der Abfahrt Ihr Auto noch nicht bis unter die Fußmatten vollgestopft ist, lohnt es sich, die eine oder andere typisch deutsche Kleinigkeit mitzunehmen. Aufmerksamkeiten sind eine willkommene Gelegenheit, Tür und Herz des neuen Nachbarn zu öffnen oder dem neuen Kollegen für seine Hilfsbereitschaft zu danken.

Liebe geht ja bekanntlich durch den Magen. Beliebte Mitbringsel sind daher Süßigkeiten wie Gummibärchen, Dresdner Stollen und Nürnberger Lebkuchen, aber auch Kochbücher (raffiniert: gleich mit einer Einladung zum Essen versehen) oder ein traditioneller Bierkrug. Von dem zum Bierkrug dazugehörigen Alkohol sollten Sie indes, sofern Sie den Beschenkten nicht schon gut kennen, besser absehen.

⅔ Kraftfahrzeug

Das eigene Auto mitnehmen oder in Norwegen ein neues kaufen? Ein komplexes Thema. Bei kaum einem anderen gibt es ähnlich viele Stolperfallen. Und kaum ein anderes reißt einen so großen Krater ins Konto. Weil das zu besonders schlauen Tricksereien verführt, ein Hinweis vorab:

Sobald Sie in Norwegen als Einwanderer offiziell gemeldet sind, ist es Ihnen bis auf wenige Ausnahmen nicht erlaubt, Ihr Fahrzeug einfach unter der deutschen Registrierung weiter zu fahren. Ebenso wenig dürfen Sie ein Auto fahren, das auf jemand anderen, der im Ausland lebt, zugelassen ist, es sei denn, dieser jemand sitzt mit im Fahrzeug. Halten Sie sich daran. Die norwegischen Behörden kennen in Sachen Auto kein Pardon. Polizisten schalten ihre Ohren ungerührt auf Durchzug, wenn sie zum x-ten Mal Erklärungen hören wie, Ihr Auto sei ein deutscher Mietwagen, auf den daheimgebliebenen Papa zugelassen, vom deutschen

---

Neu? Naja, nicht wirklich.

Von Ihrem Umzugsgut ist selbstverständlich nichts, aber auch gar nichts neu! Auf neue Waren ist nämlich Mehrwertsteuer zu bezahlen, im Gegensatz zu „regulärem", d. h. gebrauchtem Umzugsgut. Beim Zoll heißt es wörtlich: „Den Gegenständen muss man ansehen, dass sie gebraucht sind." Packen Sie also die neu gekaufte Hi-Fi-Anlage mindestens aus der Originalverpackung.

Vorbereitungen in Deutschland

Arbeitgeber gestellt und dergleichen. Es droht in jedem Fall die Beschlagnahmung Ihres Fahrzeugs und eine saftige Strafe.

Versicherungen für den Alten

Wollen Sie Ihr eigenes Auto nach Norwegen mitnehmen und dort anmelden, sollten Sie Ihren Versicherungsschutz in Deutschland überprüfen und gegebenenfalls ergänzen. Die deutsche Haftpflichtversicherung schützt auch in Norwegen. Vereinbaren Sie maximale Deckung. Dazu empfiehlt sich der Abschluss einer Kasko- oder Vollkaskopolice, die auch Unfallschäden am eigenen Fahrzeug übernimmt. Nützlich ist des Weiteren ein Autoschutzbrief. Der ersetzt beim Liegenbleiben oder einem Unfall etwa die Kosten für das Abschleppen, einen Mietwagen oder die Übernachtung.

Empfehlenswert: die internationale „Grüne Versicherungskarte". Die muss nicht zwingend im Handschuhfach liegen, aber bei einem Unfall erleichtert sie die Schadensabwicklung erheblich, denn sie enthält sämtliche Daten über Fahrzeug, Halter und Versicherung, die Sie dem Pannendienst oder der Polizei angeben müssen. Die Grüne Versicherungskarte erhalten Sie kostenlos bei Ihrem deutschen Kfz-Versicherer.

Ihr Fahrzeug überführen Sie dann zunächst mit einem Ausfuhr- bzw. Exportkennzeichen. Dieses Sonderkennzeichen gibt es kostenlos bei den deutschen Kfz-Zulassungsstellen. Damit dürfen Sie in den ersten drei Monaten in Norwegen wie jeder Tourist durch die Fjorde fahren. Wie dann Einfuhr und Ummelden Ihres Fahrzeugs funktionieren, finden Sie in Kapitel „Einwanderung".

Aus Alt mach Neu?

Lassen Sie möglichst schon in Deutschland den aktuellen Wert Ihres Fahrzeugs von einem Sachverständigen bestimmen. Basierend auf diesem Wert berechnet der Zoll die entsprechende Gebühr für die Einfuhr. Spätestens bei der Berechnung der Zulassungskosten für Ihr Kfz stellen Sie sich dann auf einen Schock ein: Die Kosten übersteigen in manchen Fällen sogar den Preis, den das Auto in Deutschland einst gekostet hat. Weil Autoreparaturen ebenfalls sehr teuer sind, sollten Sie, wenn Sie einen Wagen mit Vorliebe zu Werkstattaufenthalten haben, die Investition in einen „schnurrenden" Neuwagen ernsthaft in Betracht ziehen, eventuell das alte Auto noch in Deutschland verkaufen und sich mit dem Gewinn in Norwegen einen Neuwagen oder Gebrauchten zulegen.

Führerschein

Ihren Führerschein müssen Sie nicht umschreiben lassen. Sie können Ihren deutschen Führerschein sowie alle Zusatzscheine der C- und D-Klassen (z. B. Lkw, Zugmaschinen, Kräne) auch in Norwegen verwenden. Es sei denn, Sie möchten die Gelegenheit nutzen und Ihren altrosa „Lappen" endlich gegen eine neue Scheckkarte eintauschen.

Das Umschreiben Ihres Führerscheins ist nur dann sinnvoll, wenn Sie beruflich häufig mit einem Kraftfahrzeug in Norwegen unterwegs sein werden. Manch ein Verkehrspolizist in abgelegenen Regionen kann mit dem deutschen oder europäischen Führerschein wenig anfangen und will sich erst bei seiner Behörde rückversichern.

Vorbereitungen in Deutschland

Solche Umstände vermeiden Sie mit dem Um-
schreiben Ihres Führerscheins. Das funktioniert
völlig unkompliziert: Sie geben Ihren deutschen
Führerschein beim Verkehrswesen (Statens
Vegvesen) ab und erhalten das norwegische
Pendant (Førerkort) zwei Wochen später per
Post zugeschickt. Kostenpunkt: 180 NOK. Für
die Übergangzeit wird Ihnen kostenlos eine
Ersatzbescheinigung ausgestellt.

Schweizer Fahrlizenz

Für Schweizer gelten im Bezug auf den Führerschein eine Sonderregelung: Der Schweizer
Führerschein ist in Norwegen ein Jahr nach der
Einwanderung gültig. Nach Ablauf dieser Frist
muss das Schweizer Papier in eine norwegische
Fahrerlaubnis getauscht beziehungsweise um-
geschrieben werden. Falls Sie diesen Zeitpunkt
verpassen steht eine neue Fahrprüfung der
Klasse B in Haus.

❧ Checkliste rund um den Umzug

Die Grundregel beim Auswandern lautet:
Nichts läuft so wie geplant. Einige Dinge aber
sind für Ihren Umzug absolut notwendig. Die
wichtigsten „To-do's" finden Sie nachstehend
aufgelistet. Details zu einzelnen Punkten finden
Sie in den entsprechenden Kapiteln.

Behörden, Formulare

» Abmelden beim Einwohnermeldeamt am
Heimatort (Abmeldebescheinigung für
das Melden in Norwegen aufbewahren)

» als Arbeitsloser: Formular „E-303" bei
der Agentur für Arbeit beantragen (für
Anspruch auf drei Monate Arbeitslosengeld im Ausland)

» Zoll: Erklärung „RD-0030" auf der Website des norwegischen Zolls herunterladen
und ausfüllen

» Zoll: besondere Einfuhrbestimmungen
beachten und ggf. Sondergenehmigungen
beantragen

» Aufenthaltserlaubnis: evtl. schon in
Deutschland beantragen (spätestens drei
Monate nach Einreise bei der örtlichen
Polizeistation in Norwegen)

» Versicherungen: überprüfen, ggf. De-
ckungsumfang der Mobiliarversicherung
anpassen

» Krankenkasse: Europäische Krankenversicherungskarte mitnehmen oder eine private Reisekrankenversicherung besorgen

Kalkulator

Wie teuer die Einfuhr und Zulassung Ihres Fahrzeugs summa summarum kommen wird, können Sie
ausrechnen: www.toll.no, Rubrik „Kalkulator: innførsel av kjøretøy". Nicht erschrecken, sollten auf
dem Bildschirm mehrere Tausend Euro erscheinen. Sie haben wahrscheinlich nichts falsch gemacht. Es
ist wirklich so teuer.

Vorbereitungen in Deutschland

Dokumente

» Reisepass oder Personalausweis überprüfen und ggf. erneuern lassen

» Nachweise über regelmäßiges Einkommen: Bestätigung des Arbeitgebers, Arbeitsvertrag, Nachweis über Arbeitslosengeld oder Rente

» Krankenversicherungskarte oder Bestätigung der Krankenversicherung

» norwegischer Miet- oder Kaufvertrag

» Heiratsurkunde, Geburtsurkunde, Scheidungsurkunde u. Ä.

» besondere Anerkennungs- oder Zulassungsanforderungen für Ihre Berufsbranche abklären

» Zeugnisse, Ausbildungsbriefe, Referenzschreiben, Zertifikate über Zusatzqualifikationen u. Ä.

» Wichtig: alle Dokumente übersetzen und diese Übersetzungen offiziell beglaubigen lassen

» eine ausreichende Anzahl aktueller Passfotos

Arbeit

» Stelle suchen (norwegische und deutsche Arbeitsämter, Anzeigen, Vermittlungsagenturen, Initiativbewerbung etc.)

» bei früheren Arbeitgebern nachfragen, ob diese bereit sind, im Zuge Ihrer Bewerbung als Referenzperson kontaktiert zu werden

Kündigen oder neue Adresse

» Banken, Versicherungen, Energieversorger Gas/Strom/ Wasser, Festnetz, Internet, Fernsehen, Radio, Zeitungs- und Zeitschriftenabonnements, regelmäßige Überweisungsaufträge

» Nachsendeauftrag bei der „Deutschen Post" beantragen

» Mietvertrag rechtzeitig kündigen (in der Regel drei Monate vor Auszug) oder Haus verkaufen; bei der Übergabe ein vollständiges Abgabeprotokoll ausfüllen

Gesundheit

» vom Arzt durchchecken und behandeln lassen (besonders Zahnarzt!)

» Impfungen überprüfen und ggf. auffrischen

» Als chronisch Kranker: ausreichend Medikamente verschreiben lassen, Bestätigung Ihres Arztes für den Zoll über Art und Menge Ihrer Medikamente

Umzug

» restliches Mobiliar verkaufen, verschenken oder zwischenlagern

Vorbereitungen in Deutschland

» Liste für den Zoll über sämtliches Umzugsgut erstellen (möglichst in Deutsch und Norwegisch, mindestens in Englisch)

» Spedition organisieren (Auftrag und genauen Termin schriftlich bestätigen lassen)

» Umzug in Eigenregie: Helfer engagieren, Mietauto reservieren

Finanzen

» finanzielle Unterstützung für den Umzug durch norwegische Kommune und/oder Arbeitgeber abklären

» Devisen in Bargeld (zollfrei ist maximal ein Gegenwert von 25.000 NOK), Reiseschecks (zollfrei)

» Kreditkarte (am besten Visa) beantragen

» Onlinebanking vereinbaren

Norwegen lässt Raum für den Einzelnen. Wie im Fischerdorf Mortsund ist die Hektik des deutschen Alltags ganz weit weg.

Kfz

» Versicherungsschutz überprüfen und ggf. ergänzen (maximale Deckung, Abschluss einer Kasko- oder Vollkaskopolice, Autoschutzbrief, internationale „Grüne Versicherungskarte")

» aktuellen Wert des Fahrzeugs von Sachverständigem bestimmen lassen

» Kosten für eine Kfz-Einfuhr nach Norwegen berechnen

» ggf. Exportkennzeichen bei der Kfz-Zulassungsstelle besorgen

Weiteres

» Norwegischkenntnisse auffrischen oder aneignen, mindestens aber Englischkenntnisse

» Haustiere impfen und gegen Bandwürmer behandeln lassen, für bestimmte Tiere Sondergenehmigung beim norwegischen Zoll beantragen

» Mitbringsel besorgen

» Zählerstände sicherheitshalber notieren (Strom, Gas, eventuell Heizung und Warmwasser)

» Zuletzt folgt auf all die Pflichten die Kür: der gebührende Abschied von Familie und Freunden, von Lieblingsplätzen und Erinnerungen.

Einwanderung

Einwanderungsbestimmungen

Norwegen gilt als sehr gastfreundliches Land. Neuankömmlinge sollen sich sofort wohlfühlen. Wohl deswegen hängt in mancher Hoteldusche eine Einladung, die übersetzt in etwa lautet: „Die meisten Norweger singen unter der Dusche, singen Sie doch mit!" Auf der Rückseite prangt dazu der Liedtext von „Singin' in the Rain". Für so ein entgegenkommendes Verhalten dürfen Sie sich gerne erkenntlich zeigen. Etwa, indem Sie von Anfang an die norwegischen Regeln für Wareneinfuhr, Anmeldung und Kfz-Einfuhr beachten.

🦀 Umzugsgut

Umzugsgut ist seit wenigen Jahren grundsätzlich zoll- und abgabenfrei. Es gibt aber dennoch gewisse Einschränkungen. Die beginnen damit, dass Sie eben doch nicht alles Hab und Gut kostenlos nach Norwegen überführen können. „Den Gegenständen muss man ansehen, dass sie gebraucht sind", lautet eine offizielle Bedingung des Zolls. Wenn Sie neue Gegenstände mitnehmen wollen, müssen Sie dafür weiterhin Zoll und Mehrwertsteuer bezahlen. Zur Übersicht verlangt der Zoll die schriftliche Erklärung Flyttegodserklæring bzw. „RD-0030" sowie eine Liste über sämtliche mitgeführten Gegenstände (vgl. Kapitel „Vorbereitungen"). Beide Formulare geben Sie beim Zollamt an der Grenze ab.

Kommen Sie an Bord! Mit norwegischem Emblem am Bug geht es volle Kraft voraus.

Was nun gilt als Inventar, das Sie als Gebrauchtwaren zoll- und abgabenfrei einführen dürfen? Das wären z. B. Möbel, Geschirr, Besteck, Kleidung, Musikinstrumente, Haushaltsartikel (auch Waschmaschinen, Kühlschränke, Herde), Fahrräder. Zusätzlich können Sie Campingwagen, Anhänger sowie Bootsmotoren mitbringen.

Rot sehen oder alles im grünen Bereich?

An der Grenze zu Norwegen gibt es eine rote und eine grüne Einfahrt. Die rote Spur bedeutet: zoll- und steuerpflichtige Waren an Bord, die grüne Spur: zoll- und steuerfreie Waren dabei. Im Zweifelsfall benutzen Sie den roten Ausgang und wenden sich an den Zollbeamten.

Einwanderungsbestimmungen

⚡ Begrenzte Einfuhrerlaubnis

Für alle weiteren Waren gilt, dass sie bis zu einem maximalen Gegenwert von 6.000 NOK zoll- und steuerfrei über die Grenze gebracht werden dürfen. Besondere Einfuhrbestimmungen gelten außerdem für folgende Waren:

» Nahrungsmittel, alkoholhaltige Getränke und Tabakwaren. Ab einer bestimmten Menge sind Zoll- und Abgabensätze zu bezahlen. Eine entsprechende Übersicht finden Sie nachstehend.

» Kraftfahrzeuge und Sportfahrzeuge

» Berufsutensilien (z. B. Uhrmacherwerkzeug, Zahnarzteinrichtungen). Bitte informieren Sie sich beim Zollamt.

» Zimmerpflanzen: Pflanzen sind zoll- und abgabenfrei, manche benötigen aber ein Zertifikat. Bitte informieren Sie sich beim Zollamt.

⚡ Alkohol

Der liebe Alkohol – was lassen sich Urlauber nicht alles einfallen, um doch noch den einen oder anderen hochprozentigen Tropfen am norwegischen Zoll vorbeizuschmuggeln. Schnaps in Seltersflaschen umfüllen und dabei trotz nervöser Blickwechsel nicht erwischt werden, das ist natürlich eine schöne Anekdote später im Freundeskreis.

Wenn Sie aber umziehen wollen, steht einiges mehr auf dem Spiel. Mit einem Transporter können Sie nicht einfach mal eben kehrtmachen und alternativ in Dänemark bleiben, wenn Ihnen die Einreise nach Norwegen verweigert wurde. Das Risiko ist selbst der edelste Qualitätsbeerenbrand nicht wert.

Achten Sie auch darauf: Getränke mit mehr als 60 Volumenprozent Alkohol sind grundsätzlich nicht zugelassen. Des Weiteren müssen Sie mindestens 20 Jahre alt sein, um Spirituosen einführen zu dürfen, und mindestens 18 Jahre alt, wenn Sie Wein, Bier, Zigaretten oder Tabak mitführen möchten.

So viel ist erlaubt

Halten Sie sich an folgende Begrenzungen zur zoll- und abgabenfreien Einfuhr von Alkohol:

A. 1 Liter alkoholische Getränke mit einem Alkoholgehalt zwischen 22 % und 60 % und 1,5 Liter andere alkoholische Getränke mit einem Alkoholgehalt zwischen 2,5 % und 22 % ODER 3 Liter alkoholische Getränke mit einem Alkoholgehalt zwischen 2,5 % und 22 %

und

B. 2 Liter Bier mit einem Alkoholgehalt von mehr als 2,5 % ODER 2 Liter andere alkoholische Getränke mit einem Alkoholgehalt zwischen 2,5 % und 4,7 %.

Einwanderungsbestimmungen

Für die Berechnung werden A und B addiert. Im Klartext: Wenn Sie z. B. 5 Liter Bier (mehr als 2,5 %) mitbringen möchten, dürfen Sie kein weiteres alkoholisches Getränk mitführen.

Tarife für Zollmengen

Über diese zollfreien Mengen hinaus dürfen Sie bis zu 27 Liter Bier und Wein sowie bis zu 4 Liter Spirituosen gegen Gebühr mitführen. Die Tarife für zollpflichtige Waren (Stand: Oktober 2007):

Getränk	Pro Liter in NOK	Pro Flasche in NOK
Bier (bis 4,7 %)	20	7 (0.33 Liter)
Wein (bis 15 %)	47	35
Wein (bis 22 %)	90	65
Spirituosen (bis 60 %)	260	180

⚓ Zigaretten und Tabak

200 Zigaretten oder 200 Zigarettenpapiere und 250 Gramm Tabak sind zoll- und abgabenfrei.

Über diese zollfreien Mengen hinaus dürfen Sie bis zu 400 Zigaretten und 500 Gramm Tabak mitführen, auch diese gegen Gebühr.

⚓ Lebensmittel

Aus EU-/EWR-Staaten und somit auch aus Deutschland können Sie insgesamt bis zu 10 Kilogramm Fleisch und Fleischwaren, Fisch, Eier, Käse und andere Milchprodukte nach Norwegen einführen. Unter die Begrenzung

Die leckersten Lebensmittel bekommen Sie ohnehin in Norwegen: frische Preiselbeeren und Geißelgarnelen

Einwanderungsbestimmungen

*Der beste Freund folgt überall hin – bestimmt
kann er sich sowieso Unangenehmeres vorstellen,
als sich bei Øvre Eiker im östlichen Norwegen
treiben zu lassen*

fällt auch das gängige Futtermittel für Haustiere, also verpacktes Trockenfutter oder Nassfutter in Dosen. Die Verpackung des Fleisches
muss unbedingt im Produktionsland gestempelt
sein, denn aus Ländern außerhalb der EU / des
EWR ist die Einfuhr der genannten Lebensmittel verboten.

Erlaubt sind außerdem 10 Kilogramm
Obst, Beeren und Gemüse (allerdings keine
Kartoffeln!).

Von Pflanzen und Samen sind jeweils bis
zu 25 Stück Schnittblumen, 3 Kilogramm
Blumenzwiebeln und Blumenknollen, 5 Topf-
blumen (Zimmerpflanzen) aus europäischen
Ländern und 50 Portionspackungen Samen
gestattet.

⚡ Kraftstoffe

Bis zu 600 Liter Kraftstoff in den serienmä-
ßig eingebauten Tanks des Fahrzeuges dürfen
mit. Zusätzlich können pro Fahrzeug 10 Liter
Kraftstoff in einem Reservekanister mitgeführt
werden.

⚡ Devisen

Norwegen ist nicht der EU angeschlossen und
hat ein eigenes gesetzliches Zahlungsmittel: die
Norwegische Krone (1 NOK = 100 Øre). Bei
der Einreise ist es erlaubt, norwegisches wie
ausländisches Bargeld im Gegenwert von bis zu
25.000 NOK dabeizuhaben. Beträge darüber
müssen Sie am Zoll deklarieren. Für Reiseschecks gibt es keine Einfuhrbeschränkung.
Wechseln Sie Ihr Geld lieber in Norwegen statt
in Deutschland, der Wechselkurs ist in Norwegen meist günstiger.

⚡ Medikamente

Medikamente dürfen nur für den persönlichen
Gebrauch mitgeführt werden. Legen Sie dafür
eine entsprechende Bestätigung Ihres Arztes vor,
die Menge und Art der Medikamente enthält.

Einwanderungsbestimmungen

❧ Verboten!

Sie dürfen nicht nach Norwegen einführen: Getränke mit mehr als 60 % Alkohol, Waffen und Munition, Feuerwerkskörper, bestimmte Säugetiere, Vögel und gefährdete Tier- und Pflanzenarten (z. B. einige Krokodil- und Schlangenarten, bestimmte Raubvögel, die Eier einiger Vogelarten, bestimmte Orchideen und Kakteen).

❧ Impfungen

Für die Einreise nach Norwegen sind keine besonderen Impfungen vorgeschrieben. In Teilen des Landes kommt es – vorwiegend zwischen April und Oktober – zur Übertragung der Frühsommer-Meningoenzephalitis durch Zeckenbisse. Rechtzeitig vor Einreise in diese Gebiete sollten Sie deshalb mit Ihrem Hausarzt über eine mögliche Impfung sprechen.

Für die Einreise selbst benötigen Sie nur den Nachweis einer gültigen Krankenversicherung, dafür genügt die Europäische Versicherungskarte.

❧ Haustiere

Bello, Mümmel oder Kater Murr, wie auch immer Ihr tierischer Freund heißt: Es fällt schwer, ihn wegen eines Umzugs in andere Hände zu geben. Das muss nicht sein, wenn Herrchen oder Frauchen sorgfältig vorbereitet sind. Dann

kann auch das geliebte Haustier mit auswandern. Mitunter sollte es das sogar – in den ersten Monaten kann ein vertrautes Wesen über Einsamkeit oder Heimweh hinweg helfen.

Mitnehmen oder nachkommen lassen?

Bevor Sie sich zur Mitnahme Ihres Haustieres entscheiden, überlegen Sie sich, ob Sie in der Startphase überhaupt ausreichend Zeit für das Tier aufbringen können. Ein neuer Beruf und das Einräumen der Wohnung werden Ihnen ganz schön viel abverlangen. Da ist es u. U. geschickter, Sie holen Ihr Haustier später nach.

Impfungen fürs Tier

Norwegen ist praktisch frei von Tollwut. Damit das so bleibt, wurden strenge Regeln für die Einfuhr von Haustieren erlassen. Für Hunde, Katzen und Frettchen verlangt der Zoll einen blauen EU-/EWG-Pass, ausgestellt vom Tierarzt. Darin müssen bescheinigt sein:

» Tollwutimpfungen (Erstimpfung mindestens 21 Tage vor Einreise)

» Antikörperwerte

» Behandlung gegen Bandwürmer (eine Woche vor der Einreise, später nochmal eine Woche nach der Einreise).

Die Identifikation Ihres Haustieres sollte über einen Mikrochip oder eine Tätowierung möglich sein. Ungeimpfte Jungtiere können nicht

Fliegend nach Hause
Ihr Haustier kommt besonders unkompliziert per Flugzeugservice nach Norwegen. Etwa mit „PetAir" am Flughafen Frankfurt, www.petair.de, Tel.: 069 71374590.

Einwanderungsbestimmungen

nach Norwegen gebracht werden, sofern nicht eine Ausnahmegenehmigung durch das Norwegische Amt für Tiergesundheit und Lebensmittelsicherheit (Mattilsynet) vorliegt.

Sonderbestimmungen

Für kleine Nagetiere, Kaninchen und Kanarienvögel müssen Sie eine Einfuhrerlaubnis beim Norwegischen Amt für Tiergesundheit und Lebensmittelsicherheit (Mattilsynet) beantragen. Das entsprechende Formular erhalten Sie online unter www.mattilsynet.no oder bei Ihrem Tierarzt. Dieses müssen Sie dann ausgefüllt und von Ihnen und Ihrem Tierarzt unterschrieben an der Grenze vorweisen.

Gefährliche Hunde dürfen in Norwegen weder gehalten noch ins Land eingeführt werden. Dazu zählen die folgenden Rassen oder Kreuzungen mit diesen: Pitbullterrier, Amerikanischer Stafford-shireterrier, Fila Brasileiro, Toso Inu sowie Dogo Argentino.

Futter

Hunde- und Katzenfutter darf eingeführt werden, sofern es sich um das herkömmliche Trockenfutter in abgepackten Tüten oder um Nassfutter in Dosen handelt. Als solches fällt es unter die allgemeine Importregelung, die den zoll- und abgabenfreien Import von Waren bis zu einem Gesamtwert von 6.000 NOK erlaubt. Nicht über die Grenze dürfen dagegen Frischwaren für das Haustier wie Schweineohren oder Pansen.

⚘ Aufenthaltsgenehmigung

Als EU-/EWG-Staatsangehöriger, folglich auch als Deutscher, dürfen Sie bis zu drei Monate in Norwegen bleiben. Ein Visum ist nicht erforderlich. Alles, was Sie für die Einreise an der Grenze brauchen, ist ein gültiger und mit Foto versehener Reisepass, Personalausweis oder Kinderausweis.

Andererseits: Als Auswandernder wissen Sie ja, dass Sie länger als ein Vierteljahr bleiben wollen. Deswegen sollten Sie sich baldmöglich um eine Aufenthaltsgenehmigung kümmern. Nun gehört der Gang zu Behörden zu den meistgefürchteten Pflichtübungen eines jeden Auswanderers und wird gerne mal aufgeschoben. Tatsächlich kommt jetzt einiges an Organisation auf Sie zu. Trotzdem ist die Vorstellung von Bergen an Papier oft schlimmer als die Wirklichkeit. Zumindest, wenn Sie nicht in Berliner Amtsstuben hocken, sondern in denen von Oslo. Schlagen Sie sich durch. Bislang hat es noch bei jedem Auswanderer – früher oder später – geklappt.

⚘ Antrag auf Aufenthaltsgenehmigung

Den Antrag auf Ihre Aufenthaltsgenehmigung (Oppholdstillatelse) stellen Sie, sobald Sie in Norwegen eingereist sind, bei der örtlichen Polizeidienststelle (Politikammer). Den Gang treten Sie bitte spätestens zwei Wochen nach Ihrer Einreise an.

Einwanderungsbestimmungen

Warum so eilig, wenn Sie an sich drei Monate Zeit hätten? Weil die Aufenthaltsgenehmigung zwingend notwendig ist für die spätere Zuweisung Ihrer norwegischen Personennummer (Fødselsnummer). Diese begehrte Personennummer wird Ihr wichtigstes, wertvollstes, ja heiligstes Dokument in Norwegen sein. Ohne diese Nummer erreichen Sie in Norwegen gar nichts. Sie können weder eine norwegische Telefonnummer noch ein neues Bankkonto beantragen, ja nicht einmal einen Handyvertrag ohne Weiteres abschließen (vgl. Kapitel „Erste Schritte: Handy"). Nun wird die Zustellung Ihrer Aufenthaltsgenehmigung aber einige Wochen dauern. Während dieser Wartezeit ohne Personennummer können Sie wie gesagt nicht viel erreichen. Jedenfalls nicht sehr viel mehr als das Einräumen des Geschirrs..

Diese Unterlagen müssen mit

Bevor Sie aber jetzt überstürzt zur Polizei eilen und riskieren, zurück zum heimischen Aktenordner geschickt zu werden, bedenken Sie, was Sie für eine Aufenthaltsgenehmigung benötigen. Erforderlich sind in jedem Fall:

» Reisepass oder Personalausweis

» zwei Passfotos

» Mietvertrag (der ist bei Behörden nie verkehrt)

Zusätzlich brauchen Sie einen Nachweis, demzufolge Ihr finanzielles Polster weich genug ist, um Ihren Lebensunterhalt zu sichern. Belegen können Sie das anhand der folgenden Unterlagen, je nachdem, was auf Ihre Situation zutrifft:

» angestellt: Bestätigung des Arbeitgebers

» selbstständig: genaue Beschreibung Ihrer Tätigkeit

» arbeitslos: regelmäßiges Einkommen, z. B. Arbeitslosengeld oder Rente aus Deutschland

» Student: Aufnahmebestätigung der norwegischen Universität oder sonstigen Ausbildungsinstitution, zusätzlich eine Bestätigung Ihrer Krankenversicherung

Angehörige dürfen nachziehen

Wurde Ihnen eine Aufenthaltserlaubnis erteilt, genügt zur Anerkennung Ihrer engsten Angehörigen eine Heirats-, Geburts- oder vergleichbare Urkunde. Als Angehörige gelten in Norwegen der Ehepartner, der gleichgeschlechtliche Lebenspartner, Kinder, Enkel, Eltern, Großeltern sowie der feste Freund oder die feste Freundin unter der Voraussetzung, dass Sie beide seit mindestens zwei Jahren zusammenwohnen und Ihre Partnerschaft fortzusetzen gedenken.

Aufenthaltserlaubnis vor Einreise beantragen

Die Aufenthaltsgenehmigung können Sie schon vor der Einreise nach Norwegen beantragen. Drucken Sie die benötigten Formulare von der Internetseite der norwegischen Ausländerbehörde (Utlendingsdirektoratet) aus. Schicken Sie diese ausgefüllt zusammen mit den notwendigen Dokumenten an ein norwegisches Konsulat oder die norwegische Botschaft in Deutschland.

Einwanderungsbestimmungen

❧ Melden beim Einwohnermeldeamt

Sie haben Ihre Aufenthaltsgenehmigung abge-
heftet? Sie haben auch schon einen Mietvertrag
unterzeichnet? Ausgezeichnet. Damit dürfen
Sie sich in Norwegen als Einwohner melden.
Dazu gehen Sie mit den beiden genannten
Dokumenten sowie Ihrem Pass oder Personalausweis zum Rathaus Ihrer Kommune, genauer
zum dortigen Einwohnermeldeamt (Folkeregister). Dort füllen Sie eine Umzugsmeldung
(Flyttemelding) aus, im Gegenzug erhalten Sie
eine Wohnbestätigung (Bostedsbevis). Damit
sind Sie als Einwohner Norwegens offiziell
registriert.

❧ Die Personennummer

Was wohlgemerkt noch weitaus wichtiger
ist: Mit Ihrer Registrierung im Folkeregister
können Sie endlich Ihre persönliche Personennummer bzw. ID-Kennziffer (Fødselsnummer)
beantragen. Diese Personennummer ist in
Norwegen das A und O, schlicht unverzichtbar.
Nur mit dieser elfstelligen Personennummer
können Sie Versicherungen oder Telefonverträ-
ge abschließen oder ein Bankkonto eröffnen.

Manchmal kommt es einem so vor, als sei die
Personennummer wichtiger als der Name und
man ohne Kennziffer nur halb so viel wert.
Lernen Sie die Personennummer deswegen
auswendig! Sie werden in Norwegen immer
und überall nach ihr gefragt. Dass Kriminelle
bei Ihrer Verhaftung mit ebendieser Nummer
auf schwarzem Balken fotografiert werden, ist
allerdings ein von US-Polizeiserien abgekupfer-
tes Gerücht.

*Die Personennummer macht Sie zum wahren
Norweger*

❧ Antrag bei der Steuerbehörde

Zuständig für die Zuteilung Ihrer ID-Kennzif-
fer bzw. Personennummer bzw. Fødselsnummer
(meint alles dasselbe) ist das örtliche Finanzamt
(Likningskontor). Die Behörde leitet Ihren
Antrag an das zentrale Steueramt (Skatteetaten)
weiter, von wo aus Sie schließlich Ihre ID-
Kennziffer zugeschickt bekommen. Gleichzeitig
wird Ihnen dort auch Ihre Lohnsteuerkarte
(Skattekort) ausgestellt; dazu mehr im Kapitel
„Arbeit".

Einwanderungsbestimmungen

❧ D-Kennziffer als Zwischenlösung

Bis Ihr Name quasi durch eine Nummer ersetzt ist, können sechs bis zwölf Wochen ins Land gehen. Für diese Wartezeit erhalten Sie eine vorläufige Personennummer. Diese provisorische Nummer nennt sich offiziell D-Kennziffer, inoffiziell „Dummy-Nummer", um die Verwechslungsgefahr mit der richtigen ID-Kennziffer zu mildern.

Falls Sie nicht automatisch eine D-Nummer erhalten, beantragen Sie selbst eine. Die D-Kennziffer wird in der Regel Saisonarbeitern oder Arbeitssuchenden ausgestellt. Dass Sie trotz Job und dauerhaftem Wohnsitz eine beantragen, birgt für Sie den Vorteil, dass Sie Ihr Fahrzeug schonmal ummelden oder einen Handyvertrag abschließen können. Nachteil, so hört man ab und zu, könnte sein, dass Sie dadurch länger auf die ersehnte reguläre ID-Kennziffer warten müssen. Ist also Ermessenssache, aber in der Regel durchaus empfehlenswert. Den Antrag kann in Norwegen neben dem Finanzamt auch das Arbeitsamt oder jede Bank, bei der Sie ein Konto eröffnen möchten, für Sie stellen.

Welche ist echt, welche vorläufig?

Ihre echte ID-Kennziffer erkennen Sie daran, dass die ersten sechs von insgesamt elf Ziffern Ihrem Geburtsdatum entsprechen. Wären Sie also am 23. Februar 1953 geboren, würde Ihre Personennummer mit 230253 beginnen. Die folgenden fünf Ziffern stellen die eigentliche ID-Nummer dar.

Bei der provisorischen D-Kennziffer dagegen wird zur simplen Unterscheidung das Geburtsdatum modifiziert, indem zur ersten Zahl eine Vier addiert wird. Ihre entsprechende D-Nummer würde demnach 630253 lauten.

❧ Kfz einführen und ummelden

Mit Ihrem deutschen Kennzeichen dürfen Sie nur so lange in Norwegen fahren, wie Sie noch nicht offiziell im norwegischen Folkeregister gemeldet sind. Von dem Moment an, da Sie als Einwohner Norwegens registriert sind, müssen Sie auch Ihr Fahrzeug (gilt für Auto, Motorrad u. Ä. gleichermaßen) melden. Zuständig für das Ummelden von Kraftfahrzeugen in Norwegen ist das staatliche Verkehrsamt (Statens Vegvesen).

Einzige Ausnahme: Sie wollen maximal ein Jahr in Norwegen bleiben. Dann erhalten Sie eine befristete Fahrerlaubnis (Midlertidig Kjøretilatelse), die unter gewissen Umständen um ein Jahr verlängert wird. Die deutschen Versicherungen laufen weiter. Für diese Sondergenehmigung ist ein Arbeitsvertrag Pflicht, aus dem Ihr befristeter Aufenthalt unmissverständlich hervorgeht.

Mal wieder gilt: Finger weg von Tricksereien! Sie können die Gebühren vielleicht vorerst umgehen, ihnen aber nicht entgehen. Wenn Sie nach Ablauf der ein bzw. zwei Jahre immer noch auf Norwegens Straßen fahren, ohne das Fahrzeug zwischenzeitlich aus dem Land geschafft oder ordnungsgemäß verzollt zu

Einwanderungsbestimmungen

haben – dann helfen Ihnen Ausreden nach dem Motto, Sie hätten sich spontan entschieden, doch noch länger in diesem zauberhaften Land zu bleiben, wenig. Als Reaktion dürfen Sie mit der Beschlagnahmung Ihres Fahrzeugs rechnen.

1. Ummeldeprozess – so läuft's

Die Ummeldung Ihres Fahrzeugs erfordert eine gehörige Portion Organisationsgeschick. Der Ablauf ist in der Regel wie folgt:

Spätestens drei Tage nach Ihrer Einreise müssen Sie bei der Zollbehörde Ihrer norwegischen Kommune eine befristete Fahrerlaubnis (Midlertidig Kjøretilatelse i Forbindelse Med flytting til norge) beantragen. Mit dieser dürfen Sie zwei Wochen das Fahrzeug in Norwegen fahren.

Zwei Wochen, das ist verdammt wenig, um alle weiteren Formalitäten abzuwickeln. Hektik ist da vorprogrammiert.

2. Technische Untersuchung

Die nächste Station ist die technische Untersuchung bei der örtlichen Fahrzeugkontrolle (Trafikkstasjon). Vorsicht, lange Wartelisten! Vereinbaren Sie frühzeitig einen Termin. Die Untersuchung selbst dauert etwa eine Stunde und kostet 450 NOK. Da der Zoll Ihr altes ausländisches Autokennzeichen einbehält, stellt Ihnen die Trafikkstasjon noch eine sogenannte Prøvekjennmerke aus, das ist ein Aufkleber für die Übergangszeit. Der Aufkleber kostet Sie 275 NOK pro Tag.

3. Zollamt

Mit dem Zertifikat über die Unbedenklichkeit Ihres Wagens und dem Aufkleber fahren Sie erneut zum Zollamt. Dort legen Sie alle Fahrzeugpapiere, den Kaufvertrag oder das Bewertungsgutachten eines Sachverständigen über den aktuellen Wert Ihres Fahrzeuges sowie Ihren Ausweis vor.

Ist alles soweit vom Zollamt genehmigt, wird es richtig teuer. Sie bezahlen:

» eine einmalige Zulassungssteuer (Engangsavgift) sowie 25 % Mehrwertsteuer, berechnet nach dem Zollwert Ihres Fahrzeugs zum Zeitpunkt der Einfuhr

» Dazu kommt eine Umwelt- und Verschrottungsgebühr (Vrakpantavgift) über 1.300 NOK.

» Zuletzt wird die jährliche Kfz-Steuer (Årsavgift) fällig. Diese Abgabe beträgt zum Jahresbeginn 2.360 NOK, nach Einfuhr des Wagens ab dem 30. Juni bezahlen Sie nur die Hälfte.

Sparen dank Laderaum

Ein legaler Trick hilft sparen: Bauen Sie Ihr Auto zu einer Art Lieferwagen mit abgetrennter Ladefläche um! Wie? Nehmen Sie die hintere Sitzreihe heraus, sodass nur die zwei oder drei Sitze der Vorderreihe übrigbleiben, und montieren sie dann ein Trenngitter zwischen Personen- und „Laderaum". Mit so einem Varebil gelangen Sie mit einer um 20 % verbilligten Regelsteuer über die Grenze. Wichtig: In den neu geschaffenen Laderaum muss eine Kiste mit den Maßen 140x90x105 Zentimeter hineinpassen. Mit einem Fiat 500 stehen Ihre Chancen deswegen leider schlecht.

Einwanderungsbestimmungen

4. Kfz-Versicherung

So weit, so gut. Noch aber ist das Fahrzeug nicht offiziell angemeldet. Vorher müssen Sie noch eine norwegische Kfz-Versicherung (Bilforsikring) abschließen. Dabei wird in Norwegen genauso wie in Deutschland zwischen Vollkasko- und Teilkaskoversicherung unterschieden.

Für einen Abschluss benötigen Sie Ihre Personennummer (eigentlich die reguläre, aber viele Versicherungen akzeptieren auch die vorläufige D-Kennziffer) sowie die Fahrgestellnummer Ihres Autos. Damit suchen Sie entweder eine Versicherungsfiliale auf, oder Sie erledigen das Ganze per Telefon bei der von Ihnen gewählten Versicherung. Gute Angebote haben z. B. die beiden großen Gesellschaften „Storebrand" und „TrygVesta".

Übrigens: Den Schadensfreiheitsrabatt, den Sie sich in Deutschland über die Jahre erfahren haben, können Sie auf die norwegische Versicherung übertragen lassen.

5. Anmeldung beim Verkehrsamt

Erst wenn das alles erledigt ist, dürfen Sie erneut beim staatlichen Verkehrsamt (Statens Vegvesen) vorfahren und Ihren Wagen anmelden. Natürlich geht auch das nicht ohne Formalitäten vonstatten. Sie brauchen:

» Fahrzeugpapiere

» Quittung über die bezahlte Zollabgabe (Engangsavgift) und Mehrwertsteuer

Der Weg zum eigenen Fahrzeug ist fast so verschlungen wie die Serpentinen der Trollsteigen bis zur Passhöhe

» die Quittung über die Årsavgift

» den Nachweis der technischen Untersuchung bei der Trafikkstasjon

» den Versicherungsnachweis

Für all diese Unterlagen trägt der zuständige Beamte Ihren Namen in das zentrale Kraftfahrzeugregister (Autosys) ein. Bei der inzwischen wohlbekannten Trafikkstasjon erhalten Sie dann noch ein norwegisches Kennzeichen samt Aufkleber über die pflichtgemäß bezahlte Årsavgift, was Sie nochmal 400 NOK kostet.

Dann endlich sind Sie offiziell stolzer Besitzer eines in Norwegen registrierten Kraftfahrzeugs.

Einwanderungsbestimmungen

6. Abmeldung

Das Einzige, was jetzt noch zu erledigen bleibt, ist die Abmeldung Ihres Fahrzeugs in Deutschland. Das überlassen Sie entweder den Behörden, was aber bis zu sechs Monate dauern kann, oder Sie beauftragen einen Freund in Deutschland. Dafür schicken Sie ihm

» Ihre alten Fahrzeugpapiere (Fahrzeug- schein und Fahrzeugbrief)

» eine Bescheinigung des Statens Vegvesen sowie

» die Quittung über Ihre neuen Nummern- schilder

Die Abmeldung bei der deutschen Kfz-Zulas- sungsstelle geht dann ganz flott.

Mit dem Schneemobil lässt sich der Gang von Behörde zu Behörde schnell vergessen Im Wortsinn: Die Schlitten donnern mit bis zu 300 PS durch den Schnee.

✂ Behördensprache für die Einwanderung

Im Umgang mit Behörden finden Sie hier die wichtigsten Begriffe gelistet.

Norwegisch	Deutsch
adresse/adresseendring	Adresse/ Adressänderung
ambassade	Botschaft
ansvarlig	verantwortlich, haftbar
arbeid	Arbeit, Beruf
arbeidsledighet	Arbeitslosigkeit
Årsavgift	Kfz-Steuer
bedrift	Unternehmen
befolkning	Bevölkerung
bostedsbevis	Wohnbestätigung
brosjyre	Broschüre
by	Stadt
bygd	Dorf, Gemeinde
dato	Datum
departement	Ministerium, Amt
direktorat	Direktion, Abteilung
egenandel	Selbstbeteiligung
emne	Betreff, Thema
endring	Änderung
engangsavgift	Kfz-Zulassungssteuer
erklæring	Erklärung
etat	Behörde
etternavn	Nachname
Flyttegodserklæring	Zollerklärung
flyttemelding	Umzugsmeldung
fødested	Geburtsort

Einwanderungsbestimmungen

Norwegisch	Deutsch
fødselsdag, bursdag	Geburtstag
Fødselsnummer	Personennummer/ID-Kennziffer
folkeregisteret	Einwohnermeldeamt
fornavn	Vorname
fylke	Provinz, Verwaltungsbezirk
fylkeskommune	Bezirksregierung
fylkesmann	Verwaltungspräsident
inneholde	beinhalten
innførsel	Einfuhr
innvandrer	Einwanderer
kjøpe	kaufen
klage	Beschwerde
kommune	Kommune
kontakt oss	„Kontaktieren Sie uns"
kontaktinformasjon	Kontaktdaten, Ansprechpartner
kontor	Büro
lån	Kredit
ledige stillinger	freie Arbeitsstelle
leie	mieten
leiekontrakt	Mietvertrag
lensmannskontor	Polizeiwache
likningskontor	Finanzamt
lov	Gesetz, Erlaubnis
Mattilsynet	Amt für Tiergesundheit und Lebensmittelsicherheit
melding	Anmeldung, Mitteilung
moms	Mehrwertsteuer
myndighet	Behörde, Befugnis
nettsted	Internetseite
oppholdstillatelse	Aufenthaltsgenehmigung

Norwegisch	Deutsch
opplysninger	Auskunft, Angabe
OSS (ofte stilte spørsmål)	FAQ (Häufig gestellte Fragen)
Politikammer	Polizei
regelverk	Vorschriften
regjering	Regierung
selvangivelse	Steuererklärung
selvstendig	selbstständig
skatt	Steuer
skattekort	Lohnsteuerkarte
skjema	Formular
skjøte	Urkunde, Dokument
søknad	Antrag
spørsmål	Frage
språk	Sprache
Statens Vegvesen	Staatliches Verkehrsamt
statsborgerskap	Staatsbürgerschaft
steg	Ort
stengt	geschlossen
stilling	Beruf, Stellung
svar	Antwort
tjeneste	Service
Trafikkstasjon	Fahrzeugkontrolle
underskrift	Unterschrift
utdanning	Ausbildung
utenlandsk	ausländisch
utleier	Vermieter
Utlendingsdirektoratet	Einwandererbehörde
valuta	Devisen
vare	Ware
velge	wählen
vrakpantavgift	Umwelt- und Verschrottungsgebühr Kfz

Erste Schritte

Der Start in Norwegen

Wenn Sie Ihren langen Weg nach Norwegen mit den Expeditionen des Amerikaners und Polarforschers Robert E. Peary vergleichen wollten, dann hätten Sie jetzt fast den Nordpol erreicht. Zeit, Ihr Basislager aufzuschlagen. Von dort aus geht es dann auf Entdeckungstour. Für Sie bedeutet das: die Suche nach erschwinglichen Lebensmitteln, verlässlichen Versicherungen und kompetenten Kindergärten in Norwegen.

❧ Wohnung – finden, mieten, kaufen

Jeder Auswanderer steht vor der Entscheidung, ob er sich ein eigenes Haus bzw. eine Eigentumswohnung in Norwegen leisten soll, oder ob er weiter zur Miete lebt. Wenn Sie ganz neu nach Norwegen kommen, ist es empfehlenswert, erstmal eine Wohnung zu mieten. Denn Auswandern ist ein langer Weg, machen Sie einen Schritt nach dem anderen.

Warum? Sie kennen das sicher von Umzügen innerhalb Deutschlands. Selbst wer nur in die benachbarte Stadt zieht, braucht eine Weile, um sich zu orientieren. Vielleicht gefällt Ihnen Norwegen oder Ihr neuer Wohnort gar nicht, oder mit der Arbeit läuft es nicht so rund wie erwartet. Kurzum, es kann passieren, dass Sie schnell wieder Ihre Koffer packen wollen. Das ist mit einer eigenen Immobilie schwierig. Nicht zuletzt hat auch das liebe Geld ein Wörtchen mitzureden. Ihr Budget wird in den Monaten vor und nach dem Auswandern sehr strapaziert. Ein eigenes Haus gehört da nicht unbedingt zu Ihren wichtigsten Investitionen.

❧ Miete

Erst einmal also eine Mietwohnung. Die Norweger selbst mieten nur selten eine Wohnung, zwei Drittel kaufen sich über kurz oder lang eine Eigentumswohnung oder ein Haus. Trotzdem gibt es einen dynamischen Mietmarkt. Das liegt an den Studenten, Saison- und Kurzzeitarbeitern – und Auswanderern, die sich zunächst einmal akklimatisieren wollen.

Inserate

Häuser und Wohnungen zur Miete werden zumeist in den regionalen Zeitungen und in der überregionalen Zeitung „Aftenposten" inseriert. Kaufen Sie sich jeden Tag eine Zeitung, Sie werden erstaunt sein über die Menge an Inseraten. Große Zeitungen stellen ihren Immobilienmarkt gleichzeitig ins Internet, zu finden auf der umfassenden Allerlei-Seite www.finn.no, Rubrik „Naeringsmarked" und dort „til leie". Weitere gute Internetportale für die Wohnungssuche sind www.htl.no und www.bolignorge.no.

Arbeiten Sie sich in Ruhe durch. Scheuen Sie sich nicht davor, auch selbst ein Inserat in der Zeitung aufzugeben. Das erhöht Ihre Chancen auf eine ansehnliche Wohnung ungemein.

Die meisten Mietwohnungen werden gern kurzfristig an den Mann bzw. die Frau gebracht, entweder zum Sofortbezug oder in spätestens zwei Monaten. Nicht wenige Vermieter geben ihre Wohnungen sogar auch monatsweise

Der Start in Norwegen

Die Jugendstilstadt Ålesund liegt auf mehreren Inseln direkt am Meer. Gestrandet fühlt sich hier aber niemand.

ab. Dementsprechend ist es vollkommen in Ordnung, erst relativ kurz vor dem Umzug eine Wohnung zu suchen.

Mietvertrag

Haben Sie eine passende Wohnung gefunden, lebt es sich als Mieter in Norwegen angenehm flexibel: Ein Mietvertrag läuft normalerweise zunächst für ein Jahr und kann dann jeweils um fünf Jahre verlängert werden, mit dem gegenseitigen Recht zu kündigen. Die Kündigungsfrist beträgt drei Monate. Rechnen Sie mit einer Kaution von zwei oder drei Monatsmieten.

Wenn Sie Haustiere haben, klären Sie unbedingt vorher mit dem Vermieter ab, dass die Lieblinge (und zwar jeder Hund und Hase einzeln) auch wirklich mit einziehen dürfen. Leider ist das nicht immer der Fall.

⚶ Kauf

Sie haben soweit Fuß gefasst und sich entschlossen, dauerhaft in Norwegen zu bleiben? Dann empfiehlt sich tatsächlich der Kauf eines Hauses oder einer Wohnung. Sie können ja zunächst klein anfangen und irgendwann später das kleine gegen ein größeres Häuschen eintauschen.

Makler

Am einfachsten wickeln Sie einen Immobilienkauf über einen Makler ab. Nicht nur, weil das Zeit spart und Nerven schont, Sie können sich dann auf einen Fachmann verlassen, der über regionale Preisunterschiede (die teilweise erheblich sein können) und etwaige Sonderregelungen (von denen es eine Menge gibt) Bescheid weiß. Ein Immobilienmakler muss gar nicht so teuer sein, es wird für Vermittlungsleistungen ein bestimmter Prozentsatz des Kaufpreises als Kaufprovision berechnet, bisweilen können Sie hier verhandeln.

Adressen von Maklern erhalten Sie beim Norwegischen Verband der Immobilienmakler oder beim Hauseigentümerverband, oder Sie machen sie in den norwegischen „Gelben Seiten" (Gule Sider) ausfindig, Stichwort „Eiendomsmegling". Norwegens größter privater Makler mit einem guten Service ist „Notar", www.notar.no.

Der Start in Norwegen

Anzeigen

Natürlich können Sie auch eigenhändig nach einem eigenen Haus suchen. Am besten geht das, indem Sie die zahlreich vorhandenen Anzeigen in Zeitungen und dem Internet durcharbeiten. Neben einer detaillierten Beschreibung steht normalerweise ein fester Termin für eine Besichtigung (Visning). Dorthin können Sie einfach gehen, es ist keine Anmeldung oder Terminabsprache notwendig.

Gebotsrunde

Bei mehreren Interessenten für eine Immobilie kommt es in Norwegen zu einer Gebotsrunde (Budrunde). Der Ablauf funktioniert folgendermaßen: Sie geben ein schriftliches Kaufgebot auf das gewünschte Objekt ab. Dieses Gebot ist ausschließlich innerhalb einer von Ihnen festgesetzten Gebotsfrist gültig. Binnen dieser Frist gilt Ihr Gebot als verbindlich und entspricht einem vorläufigen Kaufvertrag. Von Ihrem Kaufgebot können Sie erst dann zurücktreten, wenn Ihre vereinbarte Frist abgelaufen ist.

Manchmal ist der in der Anzeige geforderte Preis von vornherein sehr hoch angesetzt. Geben Sie in so einem Fall trotzdem ein niedrigeres Gebot ab, das Sie sich leisten wollen. Es liegt dann beim Hauseigentümer, ob er Ihr Gebot annimmt oder es ablehnt und damit riskiert, auf dem Haus sitzenzubleiben.

Genau hinsehen!

Bevor Sie Ihr Traumhaus kaufen, beauftragen Sie unbedingt einen Immobilienbewerter! Dieser sollte die vom Verkäufer gemachten Angaben genau überprüfen. Vor allem sollte das Anwesen schuldenfrei sein, damit Sie nicht als neuer Besitzer auf den Altlasten hängen bleiben.

Klären Sie zudem gründlich mögliche Auflagen ab. Wenn Sie z. B. einen alten Bauernhof kaufen wollen, sind Sie verpflichtet, den Gutshof binnen eines Jahres als festen Wohnsitz zu beziehen und das Grundstück mindestens fünf Jahre landwirtschaftlich zu betreiben oder zehn Jahre zur Bewirtschaftung zu verpachten. Sie sehen, es gilt sich schlau zu machen, wenn Sie nicht zum romantischen Gehöft gleich noch eine Schar schnatternder Gänse übernehmen wollen.

Norwegen pur: rotes Holzhaus, eigener Bootsanlegesteg, und Ausblick über eine von zerklüfteten Felsen umgegebene Bucht

Der Start in Norwegen

Kaufvertrag

Haben Sie sich mit dem Verkäufer geeinigt und sind mit der Immobilie zufrieden, steht einem Kaufvertrag nichts mehr im Wege. Bitten Sie bei der Abwicklung trotzdem besser noch einen Rechtsanwalt oder Notar dazu. Man kann schließlich nie wissen. Ansprechpartner für einen Rechtsbeistand ist die Norwegische Rechtsanwaltvereinigung (Advokatforening).

Kosten

Die Immobilienkosten schwanken in Norwegen stark und sind in den vergangenen Jahren deutlich gestiegen. Die höchsten Preise werden in und um Oslo sowie in anderen großen Städten gezahlt. In ländlichen Gebieten liegen die Preise im Allgemeinen niedriger. Zum eigentlichen Kaufpreis kommt wie in Deutschland noch einiges an Nebenkosten hinzu. Das beginnt mit dem Grundbucheintrag und der jährlichen Eigentumssteuer, weiter geht es mit Gebühren für

Stein auf Stein und Schritt für Schritt, so kommen Sie Ihrem norwegischen Traumhaus näher

Wasser, Abwasser und Müllabfuhr, die von Gemeinde zu Gemeinde variieren. Zuletzt kostet auch die Gebäudeversicherung, die verbindlich vorgeschrieben ist, falls Sie Ihre Immobilie auf Kredit finanzieren.

Immobilienkredit

Für die Finanzierung Ihres neuen Eigenheims halten die norwegischen Banken eine Palette von Angeboten bereit, weil Norweger sowieso eher kaufen als mieten. Die Banken gewähren verschiedene Arten von Krediten, als deren Absicherung das erworbene Haus bzw. die Wohnung dient.

Einen Immobilienkredit (Førstehjemslån) in Norwegen zu bekommen, ist allerdings für Einwanderer nicht mehr so leicht wie noch vor wenigen Jahren. Ohne Personennummer geht, wie sollte es anders ein, gar nichts. Mit Personennummer und einem eigenen norwegischen Konto schon eher. Allerdings brauchen Sie auch hier noch gehöriges Verhandlungsgeschick.

Die Mehrzahl der Banken verlangt, dass Sie seit mindestens zwei Jahren in Norwegen leben und einen festen Job haben. Für Immobilienkredite müssen Sie zusätzlich über erhebliches Eigenkapital verfügen.

Falls Sie zu wenig Eigenkapital besitzen, können Sie bei der Kommune eine staatliche Unterstützung (Startlån) beantragen. Die Höhe dieses Startkredits ist begrenzt, weshalb er sich eher für den Kauf kleinerer Immobilien anbietet. Genaue Informationen finden Sie unter www.husbanken.no.

Der Start in Norwegen

Glückwunsch! Mit dem Schlüssel zum eigenen Heim ist das Leben in Norwegen komplett.

anfangs braucht es Humor, um z. B. trotz der hohen Lebenshaltungskosten in Norwegen zu lachen.

✥ Lebenshaltungskosten

Jetzt geht's um die Frikadelle! Das US-Magazin „The Economist" adelte den Burger der Fast-Food-Kette „McDonald's", weil er weltweit verspeist wird, zum Vergleichsindikator für Lebenshaltungskosten. Laut diesem „Big-Mac-Index" bezahlen Hungrige in EU-Ländern für einen Burger im Schnitt umgerechnet 4,50 US-Dollar, in Norwegen müssen sie 5,74 US-Dollar ausgeben (Stand: Januar 2009).

Was sagt uns das? Die durchschnittlichen Preise in Norwegen sind knapp ein Drittel teurer als in den EU-Ländern. Oslo zählt im internationalen Vergleich zu den teuersten Städten der Welt, die Lebenshaltungskosten liegen hier sogar um fast 50 % über denen von Frankfurt oder Berlin.

✥ Finanzen

Subtiler Test über die norwegische Kundenfreundlichkeit gefällig? Bitten Sie um die Eröffnung eines norwegischen Kontos. Sammeln Sie so viel Kleingeld wie möglich in Ihren Taschen. Und bestellen Sie im Café nur Wasser. Warum, erfahren Sie in diesem Kapitel. Natürlich sind das nicht ganz ernst gemeinte Ratschläge. Aber

Lebensmittel

Im Alltag machen sich Norwegens hohe Preise vor allem bei Lebensmitteln bemerkbar. Was meinen Sie, wie häufig am Tag Barmann oder Kassiererin in das ungläubige Gesicht eines eben erst angekommenen Ausländers blicken? Unzählbar, dieser unbezahlbare Anblick.

Untervermieten

Vermieten Sie einen Teil Ihrer Eigentumswohnung weiter, etwa ein Zimmer an Studenten. Größere Immobilien sind in Relation gesehen günstiger als kleine. Die Mehrkosten bekommen Sie bei den hohen Mietpreisen gut wieder rein. Manchmal hilft die Miete auch, den Kredit schneller abzuzahlen. Ganz nebenbei kommen Sie auch noch mit Norwegern in Kontakt.

Der Start in Norwegen

Vergleichen und gut auswählen will geübt sein. Kleinere Läden oder Sparangebote wie hier in Oslo machen das aber durchaus zum Vergnügen.

Die norwegische Lebensmittelbranche hat sich in den letzten Jahren allerdings stark verändert. Inzwischen dominieren recht preisgünstige Supermarktketten, dazu gehören „Kiwi", „Rimi", „Prix", „Rema 1000" oder „Bunnpris". Deren Preise variieren untereinander, ein Preisunterschied von 50 % ist keine Seltenheit. Viele Supermarktketten bieten außerdem günstigere Eigenmarken an. Das heißt: Vergleichen Sie. Begeben Sie sich auf Tour durch verschiedene

Supermärkte, um sich einen Überblick über die Lebensmittel zu verschaffen, die Ihnen wichtig sind.

❧ Preise im Überblick

Zur ersten ungefähren Einschätzung folgt eine Auswahl an durchschnittlichen Preisen in NOK (Stand: 2008):

Lebensmittel im Supermarkt:

Lebensmittel	NOK
Mischbrot	20
Milch (1 Liter)	12
Butter (500 Gramm)	22
Käse (Jarlsberg, 1 Kilo)	88
Salami (100 Gramm)	23
Eier (12 Stück)	31
Nudeln (500 Gramm)	14
Lachsfilet (tiefgefroren, 500 Gramm)	58
Beefsteak (1 Kilo)	220
Kaffee (500 Gramm)	34
Orangensaft (1 Liter)	15
Coca-Cola (0.5 Liter)	12
Zigaretten (20 Stück)	72
Bier (0.5 Liter)	23

Spartipps

Kaufen Sie Milch, Käse, Wurst oder Obst so oft wie möglich direkt vom Bauern. Gehen Sie – wie die Norweger – öfter mal auf Shoppingtour nach Schweden, dort sind Lebensmittel teilweise deutlich günstiger. Halten Sie in Werbeprospekte und Zeitungsannoncen Ausschau nach Sonderangeboten von Leckereien, die Sie gemütlich zu Hause zubereiten, statt jede Woche ins Restaurant zu gehen. Das Essen muss deswegen nicht weniger nobel sein: Spezialitäten wie Meeresfrüchte, Fisch, Rentier und Elch sind in Norwegen günstiger als in Deutschland. Preisvergleiche von Supermärkten finden Sie regelmäßig aktualisiert unter http://interaktiv.vg.no/matkalkulatoren.

Der Start in Norwegen

Im Café:

Lebensmittel	NOK
Kaffee (schwarz)	18
Mineralwasser	29
Brötchen, Baguette	35
Warmes Gericht	75

Im Restaurant der mittleren Kategorie:

Lebensmittel	NOK
Vorspeise	95
Hauptgericht	175
Dessert	45
Wein (0.25 Liter)	75
Bier (0.5 Liter)	68
Kaffee	34

Als Auswanderer werden Sie sich anfangs nicht viel leisten können. Das ist nicht weiter tragisch. Die meisten Norweger können nur deswegen ungehemmt Geld ausgeben, weil bei Paaren oft beide berufstätig sind und beide im Gegensatz zu Ihnen seit Jahren norwegische Gehälter verdienen, mit denen sich die hohen Lebenshaltungskosten ausgleichen lassen. Denken Sie immer daran: Sie stecken in einer Übergangsphase. Die Knauserei fällt von selbst weg, sobald Sie länger im Job sind und einen besseren Überblick über die Preise haben.

EC-/Kreditkarte

Mit deutschen EC/Maestro- bzw. Kreditkarten (Eurocard, Visa, American Express, Diners Club) können Sie an nahezu allen Geldautomaten (Minibank) in Norwegen Bargeld abheben. Dafür fallen Gebühren an, deren Höhe von Ihrer deutschen Bank abhängt. Öffnungszeiten der Banken in Norwegen sind Montag bis Freitag von 9.00 bis 15.00 Uhr. Vorsicht in den Sommermonaten, dann gelten in den meisten Bankfilialen die Sommeröffnungszeiten, was bedeutet, dass die Schalter später öffnen und zudem auch noch früher schließen. Die Geldautomaten stehen rund um die Uhr zur Verfügung, Sie finden sie bei Bankfilialen, in vielen Tankstellen sowie an den Kiosken von „7 Eleven" und „Narvesen".

Kreditkarte

Mit Kreditkarte wird in Norwegen immer und überall bezahlt, vom neuen Boot bis zum Bier am Tresen. Bei so viel Liebe zum eigenen Kreditwesen bleibt das ausländische auf der Strecke. Zahlreiche, selbst große Supermärkte akzeptieren keine fremden EC- oder Kreditkarten, weil diese nicht dem norwegischen Banksystem angeschlossen sind. Ausländische Karteninhaber müssen für den Besuch im Supermarkt also entweder erst am Geldautomaten Bargeld abheben, oder stets eine ausreichende Menge Bargeld dabei haben. Ein norwegisches Konto ist allein schon wegen dieses Aufwands empfehlenswert.

Sparcard

Auch einige deutsche Banken haben Filialen in Norwegen. Dazu gehören die „Deutsche Bank" und die „Postbank". Die Postbank hat ein gutes Angebot in petto: die Sparcard (Sparbuch). Mit dieser können Sie zehnmal im Jahr gebührenfrei Geld an VISA-Geldautomaten abheben.

Der Start in Norwegen

❧ Norwegisches Konto

Für die Eröffnung eines norwegischen Kontos braucht es eigentlich die reguläre Personennummer. Das aber liegt durchaus im Auge des Betrachters bzw. Gutachters. Eine gute Bank richtet für Sie problemlos auch dann ein Konto ein, wenn Sie nur die vorläufige D-Kennziffer haben. Zusätzlich benötigen Sie einen Arbeitsvertrag, eine Adresse in Norwegen, Ihren Personalausweis oder Reisepass sowie für eine VISA-Kreditkarte ein Passfoto.

Falls Sie auch noch keine D-Kennziffer haben, kann theoretisch jede norwegische Bank die Nummer für Sie vom Steueramt anfordern. Empfehlenswerte Banken sind „DNB nor", „Nordea", „Postbanken" und die Onlinebank „Skandiabanken".

❧ Kredit

Einen Kredit in Norwegen zu bekommen ist nicht so einfach wie ein Konto zu eröffnen. Ohne Personennummer haben Sie keine Chance. Mit Personennummer sowie einem eigenen norwegischen Konto stehen Ihre Chancen schon besser, allerdings brauchen Sie auch hier wieder gehöriges Verhandlungsgeschick. Die Mehrzahl der Banken verlangt, dass Sie seit mindestens zwei Jahren in Norwegen leben und Arbeit haben, bevor sie Ihnen einen Kredit bereitstellt. Sie können sich also leider nicht auf die Finanzspritze verlassen.

Eine solide Bank für die gesamte Familie

Studierende haben es da leichter. Die Finanzierung des Studiums etwa wird über einen staatlichen Studienkredit gewährleistet. Auch ausländische Studierende können sich auf den Kredit bewerben. Zurückgezahlt werden muss der Kredit erst Jahre nach Studienabschluss. Ein Versuch lohnt sich! Informationen bei der staatlichen Vergabestelle www.lanekassen.no.

❧ Anschlüsse: Telefon, Handy, Internet, TV, Strom

Norweger verbrauchen pro Kopf mehr Strom als jeder andere Einwohner auf der Welt. Wundern Sie sich nicht, wenn bei norwegischen Freunden im Gästebad Tag und Nacht das Licht brennt oder wenn es in öffentlichen Gebäuden keine Lichtschalter gibt. Grund: Elektrische Energie ist in Norwegen extrem

Notlösung „Western Union"

Falls im Portemonnaie gähnende Leere herrscht, Sie aber dringend Geld brauchen, kommen Sie mit dem Geldtransferservice von „Western Union" rasch an Bares. Voraussetzung dafür ist ein hilfsbereiter Freund. Der gibt irgendwo auf der Welt Bargeld bei einer der „Western Union"-Geschäftsstellen ab. Innerhalb einer Stunde können Sie das Geld bei einer „Western Union"-Bank in Ihrer Nähe abholen. Standorte unter www.westernunion.com.

Der Start in Norwegen

billig. Bei Stromanbietern müssen Sie deswegen nicht viel vergleichen. Bei Telefon, Internet und Fernsehanschluss dagegen schon.

ʔ Festnetztelefon

Wie sollte es anders sein: Für einen festen Telefonanschluss in Norwegen brauchen Sie Ihre Personennummer. Beim Internetanschluss sieht es nicht anders aus. Dafür geht die Anmeldung an sich dann schnell: Einfach die Servicenummer der Telefongesellschaft „Telenor" vom Handy oder von Freunden aus anrufen: 05000. Die Leitung fürs Festnetz wird unmittelbar freigeschaltet, in seltenen Fällen kommt ein Servicemitarbeiter kurz zu Ihnen nach Hause. Wichtig ist, dass Sie den Namen Ihres Vormieters parat haben. Nachdem der Anschluss bei „Telenor" freigeschaltet wurde, können Sie, wenn Sie möchten, zu einem günstigeren Anbieter wechseln.

Breitband

Breitbandtelefonie ist in Norwegen beliebter und billiger geworden. Anbieter verlangen für kombinierte DSL- und Telefonanschlüsse einen vergleichsweise niedrigen Monatsfestbetrag, für den sich ohne weitere Kosten telefonieren lässt. Wohlgemerkt: nicht nur innerhalb Norwegens, sondern in viele Länder im Ausland. Ideal also für Auswanderer, die einen engen Kontakt mit den Daheimgebliebenen halten möchten. Breitband ist aber noch nicht flächendeckend vorhanden, informieren Sie sich daher vor Ort.

ʔ Handy

Für die Zeit ohne Festnetz besorgen Sie sich am besten eine Prepaidkarte (Kontantkort) für das Handy. Die Benutzung Ihrer deutschen Karte via UMTS/GPRS (funktioniert mit E-Plus, O2, T-Mobile und Vodafone) ist zwar möglich, aber unter Umständen erheblich teurer als der Wechsel zu einem norwegischen Anbieter.

Es geht allerdings wirklich nur Prepaid. Für einen festen Vertrag bräuchten Sie, richtig, die Personennummer. Gut gemeinter Service: Falls Sie später beim Mobilfunkbetreiber Ihrer Prepaidkarte auch einen Vertrag abschließen, behalten Sie Ihre Handynummer. Übrigens gibt es in Norwegen keine „Handys", denn diese heißen auf Norwegisch „Mobile"

Startpaket

Empfehlenswert ist ein Startpaket (Kontant Startpakke), das zusätzlich zu der SIM-Karte oft auch ein Startguthaben von 100 bis 150 NOK enthält. Unmittelbar nach Freischaltung können Sie telefonieren. Die Startsets gibt es in allen Telefon- und Mobilgeschäften, Elektro- und PC-Läden, an „Narvesen"- und „7 Eleven"-Kiosken und bei Tankstellen.

Die beiden norwegischen Anbieter sind „Netcom" und „Telenor Mobil", über deren Netze weitere Provider senden. Folgende Gerätesysteme können in Norwegen genutzt werden: GSM 900 und GSM 1800 sowie NMT.

Preisüberblick
Eine gute Übersicht über die Preise der unterschiedlichen Anbieter für Festnetz, aber auch für Mobilfunk und Internet/Breitband finden Sie online unter www.telepriser.no.

Der Start in Norwegen

⅍ Internet

Naturverbunden und trotzdem immer und überall online – in Norwegen kein Problem. Mit einem vom Provider bereitgestellten USB-Modem oder WLAN-Router surfen Sie nahezu in jeder norwegischen Hytta (Hütte oder Ferienhaus) durchs Internet. Größere Orte bieten kostenlose WLAN-Hotspots, überall in Norwegen sind zudem verhältnismäßig günstige Internetcafés zu finden.

Zu den am weitesten verbreiteten Anbietern für den heimischen Internetanschluss gehören „Telio", „Telenor", „Tele2", „Tiscali" und „Bluecom". Informieren Sie sich kurzfristig über Angebote und Preise auf den Internetseiten der einzelnen Anbieter. Entscheiden Sie sich für ein Paket, das Ihren persönlichen Surfgewohnheiten entspricht, das kann z. B. eine Wochenend- und Abendflatrate sein. Oft bieten kleinere regionale Anbieter eine preiswerte Alternative.

⅍ Fernsehen

Auf „Derrick" muss in Norwegen kein Auswanderer verzichten – die Krimiserie hat in Norwegen als eine der populärsten TV-Serien aller Zeiten Kultstatus. Für die richtige „Harry, hol schonmal den Wagen!"-Nostalgie benötigen Sie entweder einen Kabelanschluss oder eine Parabolantenne für Satellitenempfang. Manchmal bleibt Ihnen nicht wirklich die Wahl, weil der Kabelanschluss noch nicht flächendeckend verbreitet ist.

Vergleichen Sie die Preise und Senderangebote der örtlichen Anbieter. Die entsprechenden Gebühren (in Norwegen nur für die TV- und nicht wie in Deutschland auch für Radionutzung) werden automatisch zweimal im Jahr per Rechnung durch das norwegische GEZ-Pendant (Rikskringkasting) eingefordert.

Falls Sie Sat-TV nutzen möchten, bedenken Sie: Norwegisches Fernsehen wird digital verschlüsselt. Für den Anschluss brauchen Sie deswegen einen digitalen Sat-Receiver. Die in Deutschland übliche analoge Sat-Anlage funktioniert in Norwegen nicht. Dafür werden Sie in Norwegen, Pionier in Sachen DVB-T, mit glasklarem Empfang im MPEG4-Standard belohnt.

⅍ Strom

Strom muss in Norwegen für jede Immobilie gewährleistet sein, deswegen können Sie Ihren ersten Kaffee nach der erschöpfenden Anreise sofort in den eigenen vier Wänden aufbrühen. Der Netzbetreiber garantiert die ersten zwei Monate einen dem Markt angepassten Preis. Nach Ablauf dieser Übergangsfrist hat er indes freie Hand.

Informieren Sie sich daher über die Preise anderer Stromlieferanten, z. B. unter www.dinside.no/okonomi/strom. Auch hierbei gilt: erst die Personennummer, dann die Anmeldung. Die Wahl eines Stromanbieters ist aber ausnahmsweise nicht so drängend. Denn Strom ist in Norwegen bei allen Anbietern

Der Start in Norwegen

extrem billig: Die elektrische Energie kostet den Endverbraucher im Schnitt gerade mal 50 Øre pro kWh (Stand: Januar 2009).

❧ Versicherungen

In diesem Kapitel finden Sie vor allem Zusatzversicherungen. Die Schwergewichte Sozial-, Renten- und Kfz-Versicherung werden zum besseren Verständnis in ihrem jeweiligen Kontext erklärt. Bitte schlagen Sie dazu unter folgenden Kapiteln nach:

» Sozialversicherung:
   (siehe auch Kapitel „Arbeit: Sozialversicherung")

» Rentenversicherung:
   (siehe auch Kapitel „Arbeit: Sozialversicherung" und „Kapitel „Altersversorgung")

» Kfz-Versicherung:
   (siehe auch Kapitel „Vorbereitungen: Kraftfahrzeug" und Kapitel „Einwanderung: KFZ Einführen und ummelden")

Eine Auflistung aller norwegischen Versicherungsgesellschaften finden Sie in den Gule Sider. Bei der Wahl der richtigen Versicherung gilt: Sorgfalt lohnt! Die Preise unterscheiden sich zum Teil erheblich. Empfehlenswert sind „Storebrand", „TrygVesta", „If" und „Gjensidige", weil diese Gesellschaften so ziemlich alles abdecken.

Es geht nichts über eine verlässliche Absicherung

❧ Krankenversicherung

In den ersten Monaten Ihres Aufenthaltes in Norwegen genügt für gesetzlich Versicherte die Europäische Krankenversicherungskarte. Mit ihr können Sie sich bei einem Unfall oder einer akuten Erkrankung medizinisch behandeln lassen. Privat Versicherte sollten entweder mit ihrer Krankenkasse eine private Auslandskrankenversicherung abschließen, die bis zu zwölf Monate gültig ist. Oder Sie wickeln, sobald Sie Ihre Aufenthaltsgenehmigung in der Tasche haben, alles über die norwegischen Versicherungsträger ab.

Mengenrabatt
Kräftige Preisnachlässe erhalten Sie, indem Sie mindestens drei Policen auf einmal bei derselben Versicherungsgesellschaft abschließen. Dann winken Ihnen ansehnliche Rabatte.

Der Start in Norwegen

Als Mitglied im norwegischen Sozialversicherungssystem (Folketrygden) genießen Sie dieselben Rechte wie Norweger. Sie müssen keine Krankenversicherung extra abschließen, da der Staat sämtliche Versicherungsleistungen gut abdeckt. Dementsprechend sind private Krankenversicherungen in Norwegen eher unüblich, das Angebot an Zusatzversicherungen spärlich. Bisweilen hält noch der Arbeitgeber besondere Angebote bereit. Fragen Sie einfach mal bei Ihrem Arbeitgeber nach.

Auslandskrankenversicherung nur in Ausnahmefällen

Die altbekannte und preiswerte sogenannte „Auslandskrankenversicherung" als Zusatz zur deutschen gesetzlichen Krankenversicherung hilft Ihnen als Auswanderer nicht viel weiter. In der Regel ist diese Versicherungsleistung auf maximal sechs Monate begrenzt – und heißt deswegen ganz offiziell eigentlich „Auslands-Reisekrankenversicherung".

Ausnahme: Sie arbeiten für einen in Deutschland ansässigen Arbeitgeber über einen befristeten Zeitraum. In diesem Fall bleiben Sie in Deutschland versicherungspflichtig. Dasselbe gilt für Arbeitslose oder deutsche Studierende an norwegischen Universitäten. Als solche sind Sie mit einer Auslands-Reisekrankenversicherung eindeutig gut beraten. Weitere Informationen gibt es bei der „Deutschen Verbindungsstelle für Krankenversicherung im Ausland" unter www.dvka.de.

Beratung ist ein Muss

Lassen Sie sich gesagt sein: Das Thema Krankenversicherung klingt hier einfach, trotzdem sollten Sie sich schon in Deutschland an Ihre Krankenkasse und den zuständigen Rentenversicherungsträger wenden, um auf Nummer sicher zu gehen.

Die „Deutsche Rentenversicherung" führt regelmäßig internationale Beratungstage in mehreren deutschen Städten durch. Bei diesen Veranstaltungen beraten auch norwegische Fachleute kostenlos. Termine und Informationen unter www.deutsche-rentenversicherung.de. In Norwegen hilft Ihnen das Amt für Sozialversicherungsangelegenheiten im Ausland (Folketrygdkontoret for utenlandssaker) bei Fragen weiter.

Hausratversicherung/Haftpflicht

Um die Hausratversicherung (Innboforsikring) kommen Sie in Norwegen nicht herum, sie ist zwingend vorgeschrieben. Mit der Versicherung wird nicht nur der Hausrat abgedeckt, sondern auch Schäden im Rahmen einer Art Haftpflichtversicherung (Ansvarsforsikring). Eine der deutschen Haftpflicht vergleichbare Versicherung gibt es als eigene Versicherung in Norwegen nicht, auch eine Tierhaftpflichtversicherung ist unbekannt.

Sollten Sie eine Haftpflichtversicherung in Deutschland besitzen, dann können Sie diese weiterlaufen lassen. Viele Gesellschaften bieten ihren Versicherungsschutz weltweit an und verlangen allenfalls einen kleinen Aufpreis.

Der Start in Norwegen

❧ Kinderversicherung

Die Kinderversicherung (Barneforsikring) ist eine Mischung aus Haftpflicht- und Unfallversicherung für Kinder. Die private Variante bietet meist mehr als die staatliche. Sie übernimmt die akuten Kosten im Schadensfall sowie nachfolgende Behandlungskosten, Hilfsmittel oder Rehabilitationskosten. Die Altersspanne für eine Kinderversicherung reicht von 0 bis 16 Jahren.

❧ Unfallversicherung

Die norwegische Unfallversicherung (Ulykkesforsikring) ist in ihrem Leistungsspektrum mit der deutschen vergleichbar. Bei Unfällen am Arbeitsplatz sind Sie durch Ihren norwegischen Arbeitgeber automatisch abgesichert.

❧ Lebensversicherung

Die norwegische Lebensversicherung (Livsforsikring) bietet ähnliche Konditionen an wie die Versicherungsträger in Deutschland. Je nach Angebot kann es für Sie praktischer sein, die deutsche Versicherung, in die Sie womöglich schon seit Jahren einbezahlt haben, weiterlaufen zu lassen.

❧ Invaliditäts-/ Berufsunfähigkeitsversicherung

Die Absicherung gegen Invalidität und Berufsunfähigkeit (Uføreforsikring) gehört zu Norwegens populärsten Versicherungen. Fragen Sie bei Ihrem Arbeitgeber oder Ihrer Berufsgenossenschaft nach speziellen Angeboten.

❧ Arbeitslosenversicherung und Arbeitslosengeld

Wenn Sie einen Job in Norwegen haben, ist Ihre Arbeitslosenversicherung im staatlichen Sozialversicherungssystem (Folketrygden) abgedeckt. Als Arbeitssuchender, der zuvor eine regulär bezahlte Arbeit hatte, haben Sie Anspruch auf Arbeitslosenunterstützung (Dagpenger). Voraussetzung für Ihren Anspruch auf norwegisches Arbeitslosengeld ist, dass Sie mindestens acht Wochen in Norwegen gearbeitet haben. Zusätzlich müssen Sie mindestens 105.384 NOK im Kalenderjahr zuvor verdient haben bzw. 210.768 NOK während der letzten drei Jahre.

Höhe und Dauer

Die Höhe des Arbeitslosengeldes richtet sich nach Ihrem vorherigen Gehalt. Im Schnitt kommen Sie auf rund 60 % Ihres früheren Bruttogehalts, für Eltern gibt es mehr. Wie lange Sie Arbeitslosengeld erhalten, hängt ebenfalls von Ihrem früheren Gehalt ab: 104 Wochen für Einkommen über 140.512 NOK, 52 Wochen für Einkommen unter 140.512 NOK und über 70.256 NOK. Diese Gehaltssätze ergeben sich aus bestimmten Beträgen, die Sie vorher als Arbeitnehmer in die norwegische Sozialversicherung eingezahlt haben müssen, um sich den Anspruch auf Arbeitslosengeld zu erarbeiten.

Anspruch von Deutschland übertragen

Wenn Sie bereits in Deutschland Arbeitslosengeld bezogen haben und zur Arbeitsuche nach Norwegen gekommen sind, können Sie Ihre

Der Start in Norwegen

deutsche Arbeitslosenunterstützung auf Norwegen zwischenzeitlich übertragen lassen und drei Monate dort ausgezahlt bekommen. Nehmen Sie dazu noch in Deutschland mit Ihrer zuständigen Agentur für Arbeit Kontakt auf. Dort wird Ihnen vor Ihrer Abreise nach Norwegen das Formular „E-303" ausgestellt. Bei Ihrer Ankunft in Norwegen müssen Sie dieses Formular innerhalb von sieben Tagen beim norwegischen Arbeitsamt (NAV) einreichen. Haben Sie binnen drei Monaten keine Anstellung gefunden, müssen Sie nach Deutschland zurückkehren, um Ihren Anspruch auf Arbeitslosengeld nicht zu verlieren.

Antrag stellen

Melden Sie sich umgehend beim norwegischen Arbeitsamt (NAV), sobald Sie: entlassen worden sind, nur noch weniger als die Hälfte der Zeit im Vergleich zu früher arbeiten oder als Neuankömmling auf der Suche nach Arbeit sind. Dazu können Sie entweder persönlich im NAV-Büro erscheinen oder Sie registrieren sich online auf www.nav.no (nichts anderes werden Sie auch während des persönlichen Besuchs beim NAV machen, nur eben unter Anleitung des Beraters und an einem amtlichen PC).

Nach Ihrer Registrierung als Arbeitssuchender müssen Sie einen Antrag auf Arbeitslosenunterstützung ausfüllen. Den reichen Sie beim NAV ein, zusammen mit den folgenden Dokumenten:

» früherer Arbeitsvertrag

» die letzten Gehaltsabrechnungen

» Aufenthaltsgenehmigung

» Personennummer

» Mietvertrag

» Reisepass oder Personalausweis

Bekommt Ihr Antrag grünes Licht, finden Sie spätestens drei Wochen nach Ihrer Antragstellung (Vorsicht, das meint nicht die Registrierung!) erstmals Arbeitslosengeld auf Ihrem Konto. Drei Wochen – für diese Zeit sollten Sie sich im Vorfeld gut abgesichert haben, um einigermaßen über die Runden zu kommen. Auf der Suche nach einem Job erhalten Sie fortan durch das NAV umfassend Hilfe, jedoch müssen Sie, wie auch in Deutschland, bereit sein, jedwede angebotene Arbeit anzunehmen.

❧ Gesundheitssystem

Solange die Gesundheit mitspielt, verschwenden die Wenigsten Gedanken an öde Versicherungsfragen. Grundsätzlich sind Sie ja auch als Arbeitnehmer in Norwegen umfassend abgesichert, weil das Sozialversicherungssystem (Folketrygden) sämtliche Leistungen für Arztbesuche, Behandlungen und Medikamente fast vollständig abdeckt.

Allerdings heißt das nicht, dass Sie zum Arzt kommen und gehen können, wie es Ihnen passt. Es gilt, einem bestimmten Ablauf zu folgen. Darüber hinaus wird trotz der umfassenden staatlichen Zuschüsse ein geringer Teil der Behandlungskosten auch von Ihnen bezahlt.

Der Start in Norwegen

❧ Kosten

Bei einem Arztbesuch fallen für Sie jeweils 150 NOK bzw. bei Spezialisten bis zu 250 NOK an, die Sie direkt in der Praxis bezahlen müssen. Auch Medikamente zahlen Sie zunächst selbst. Erst ab einem gezahlten Gesamtbetrag von 1.585 NOK erhalten Sie einen Befreiungsnachweis (Frikort) und sind damit von weiteren Zahlungen für den Rest des Jahres befreit.

Als chronisch Kranker erhalten Sie ein blaues Rezept, mit dem Sie nur 33 % der Kosten selbst zu übernehmen haben. Der oben genannte maximale Eigenanteil gilt natürlich trotzdem und wird ungeachtet der Kostenreduzierung vom Originalpreis des Medikaments berechnet. Kinder unter 12 Jahren und Schwangere müssen grundsätzlich gar nichts bezahlen.

❧ Zahnarzt

Der Zahnarzt ist in finanzieller Hinsicht eine besondere Ausnahme. Ihn muss jeder Patient komplett selbst bezahlen, ausgenommen Kinder und Jugendliche bis zum Schulabschluss. Eine Zahnbehandlung ist je nach Behandlung nicht gerade billig. Gehen Sie deswegen unbedingt nochmal in Deutschland zum Zahnarzt, bevor Sie endgültig nach Norwegen umziehen.

❧ Hausarzt

Der Hausarzt (Fastlege) ist in Norwegen Ihr erster Ansprechpartner im Krankheitsfall. Zu ihm müssen Sie immer zuerst gehen. Auch wenn Sie schon wissen, welcher Spezialist für das aktuelle Leiden zuständig wäre: Die Überweisung zum Spezialisten erfolgt durch den Allgemeinarzt. Ihren Hausarzt suchen Sie sich allerdings nicht wie in Deutschland selbst, sondern bekommen ihn durch das Folkeregister zugewiesen.

Angesichts des Nordlichts können Sie sicher Ihren eigenen Augen kaum trauen. Hier weht die „Aurora borealis" in rätselhaftem Gelbgrün über Tromsø.

Der Start in Norwegen

Wollen Sie unbedingt auf eigene Faust zum Facharzt gehen, werden Sie den vollen Behandlungspreis selbst bezahlen müssen, was schwindelerregend teuer sein kann. Oder aber Sie werden sofort mit dem Hinweis auf Überfüllung abgewiesen. Einen kleinen Lichtblick aber gibt es für diejenigen, die mit ihrem Hausarzt unzufrieden sind: Sie dürfen Ihren zugewiesenen Fastlege bis zu zweimal im Jahr wechseln. Jeder weitere Wechsel dagegen erhöht Ihre Zuzahlungen.

⅔ Notfall

Auch im akuten Notfall kontaktieren Sie erst den Hausarzt. Geschieht der Herzinfarkt nun ausgerechnet außerhalb der hausärztlichen Dienstzeiten (8.00–16.00 Uhr), dürfen Sie sich auch sofort bei den örtlichen Notfallzentralen (Legevakt) melden. Die Telefonnummern der Notdienste stehen in den regionalen Telefonbüchern auf der zweiten Seite, und zwar die der Ärzte (Lege), Zahnärzte (Tannlege) und Krankenhäuser (Sykehus). Ärzte und Pflegepersonal sprechen gut Englisch, mit Deutsch kommen Sie dank der zunehmenden Zahl von Ärzten aus deutschsprachigen Ländern häufig ebenfalls weiter.

> » **Notrufnummern**
> Feuer   110
> Polizei   112
> Krankenwagen 113

⅔ Stationäre Behandlung

Für eine stationäre Behandlung im Krankenhaus werden Wartelisten geführt. Vor der Aufnahme in ein öffentliches Krankenhaus gelangt jeder, der zur Untersuchung oder Behandlung überwiesen wurde, zunächst auf einer solchen Warteliste. Anhand dieser verschafft sich die Gesundheitsverwaltung einen Überblick über Patientenzahl, Dringlichkeit und Auslastung der Krankenhäuser. Es kann also ein paar Tage oder Wochen dauern, bis Sie auf einer Station aufgenommen werden. Notfälle indes erhalten selbstverständlich sofort und ohne bürokratische Hürden ein Klinikbett.

⅔ Schwangerschaft

Schwangere werden in Norwegen vorbildlich behandelt. Die Vorsorgeuntersuchungen sind gratis und werden bei der örtlichen Gesundheitsstation (Helsestasjon) durchgeführt. Vorgesehen sind zwölf Kontrollen, von denen drei beim Arzt erfolgen sollen, den Rest kann eine Hebamme übernehmen.

⅔ Behinderung

Behinderte können sich in Norwegen zunehmend hindernisfrei bewegen. Die norwegische Bahn „NSB" hat eigens für Körperbehinderte Wagen eingerichtet, die neuen Hurtigruten-Schiffe wurden mit Aufzügen und speziellen Kabinen ausgestattet. Auch öffentliche Einrichtung, Museen und Restaurants entsprechen fast immer behindertengerechten Standards. Hauptverband der Körperbehinderten in Norwegen ist Norges Handikappforbond, www.nhf.no.

Der Start in Norwegen

❧ Kindergarten, Schule, Uni

Neue Klassenkameraden, eine fremde Umgebung, die ungewohnte Sprache – Kinder haben bei einem Umzug ganz schön viel zu bewältigen. Auswandern mit Kindern will deswegen besonders gründlich erwogen werden. Aber machen Sie sich als Eltern auch nicht unnötig große Sorgen. Oft finden Kinder sich in einer neuen Umgebung leichter zurecht als Erwachsene.

Gerade Norwegen macht es Kindern einfach, sich zurechtzufinden. Das Land und seine Bewohner gelten nicht nur als sehr kinder- und familienfreundlich, sie sind es tatsächlich. Muss der Kleine zum Zahnarzt gebracht werden, endet die Konferenz der Mutter eben eine halbe Stunde eher. In der übrigen Zeit ist er gut in einer der zahlreichen Kindertagesstätten untergebracht. Frischgebackene Eltern unterstützt der Staat mit großzügigen Prämien und gibt ihnen die Möglichkeit, viel Zeit als junge Familie zu genießen oder Kind und Beruf miteinander zu kombinieren (vgl. Kapitel „Arbeit: Kind und Karriere").

❧ Kindergarten

Um die Sprache schnell zu lernen – und generell für die soziale Integration des Kindes – ist der Besuch eines Kindergartens (Barnehage) ungeheuer wertvoll. Nun gibt es aber auch im familienfreundlichen Norwegen Hürden. Kindergartenplätze sind so eine, die sind bisweilen schwierig zu bekommen. Kümmern Sie sich deswegen frühzeitig um einen Platz für Ihr Kind.

Für die Aufnahme Ihres Kindes stellen Sie einen entsprechenden Antrag bei Ihrer norwegischen Gemeinde. Bewerbungsfrist ist meist Mitte März. Gerade in Ballungszentren sind die Wartelisten dann recht lang. In diesen Fällen wird je nach Dringlichkeit gestaffelt, welche Kinder zuerst aufgenommen werden. Ganz oben auf der Liste stehen Kinder mit einer Behinderung sowie Kinder von alleinerziehenden, voll berufstätigen, kranken oder pflegebedürftigen Eltern.

Eine Alternative sind Betriebskindergärten oder private Tageseltern. Die Öffnungszeiten der Kindergärten mit acht bis neun Stunden am Tag erlauben den Eltern eine Vollzeitbeschäftigung. Die Gebühren betragen um die 2.330 NOK pro Monat für einen Ganztagsplatz.

Grundsätzlich kommen Kinder in Norwegen sehr jung in den Kindergarten, meist im Alter von einem bis zwei Jahren. Die bewusst klein gehaltenen Gruppen spielen zu jeder Jahreszeit und nahezu jedem Wetter auch draußen, Ausflüge in Wald und Natur gehören zum Pflichtprogramm. Ausführliche Tipps rund um Kindergärten hält die Seite www.barnehage.no (auf Norwegisch) bereit.

❧ Schule

Lob für eine glatte Sechs! Was sich deutsche Schüler erträumen, ist in Norwegen Realität. Die Benotung erfolgt umgekehrt, d. h. mit der Eins als schlechtester und der Sechs als bester Note. Der Unterricht verlangt kein stumpfsinniges Auswendiglernen, sondern zielt auf die Schulung der Selbstständigkeit

Der Start in Norwegen

Durchhängen bei einer glatten Sechs? Ganz und gar nicht!

www.utdanningsdirektoratet.no. Andere Eltern und Behörden haben auf dieser Seite die jeweilige regionale Schule detailliert und offen bewertet.

Integration über Sprache

Ausgezeichnet ist die Förderung ausländischer Schüler. Jeder Neuzugang erhält automatisch Unterricht in Norwegisch. Die Schulbehörde weiß, dass ausländische Schüler in den seltensten Fällen schon vorher Norwegisch gelernt haben.

Der Sprachunterricht wird meist in den regulären Unterricht integriert, indem ein Lehrer mit dem noch sprachlosen Neuling Vokabeln übt, während sich die übrigen Schüler anderen Aufgaben widmen. Zusätzlich erhalten Kinder von Einwanderern, je nach Möglichkeit, Unterricht in ihrer Muttersprache.

Grundschule

Die Schulpflicht beginnt für Kinder mit sechs Jahren und gilt für die zehnjährige Grundschulzeit. Eingeschult werden Kinder in die Grundschule (Grunnskole). Diese ist aufgeteilt in die Kinderschule der Jahrgangsstufen 1 bis 7 (Barneskole) sowie die Jugendschule der Jahrgangsstufen 8 bis 10 (Ungdomsskole). Erst in der Jugendschule werden Noten vergeben. Die erste Fremdsprache (Englisch) lernen die Schüler in der Kinderschule, die Wahl einer zweiten

und Eigenverantwortlichkeit des Kindes ab. Dementsprechend stark ist in Norwegen die Waldorf-Pädagogik vertreten, hier Steinerskolen genannt. Grundsätzlich gibt es nur Ganztagsschulen.

Bei der Qual der Schulwahl hilft die Internetseite des Direktorats für Grund- und Sekundarschulwesen (Utdanningsdirek-toratet),

---

Deutsche Schule in Oslo

„Lernwillige, sprachinteressierte, aufgeschlossene junge Menschen, die im Leben noch viel vorhaben" – die nimmt die Schule Max Tau in Oslo nach eigenen Angaben gerne auf. In der einzigen deutschen Schule Norwegens können Schüler die Deutsche Internationale Abiturprüfung (DIAP) ablegen. Im Gebäude befinden sich auch Kindergarten und Vorschule. Außerhalb der Unterrichtszeit wird ganztägig betreut, bei Spiel und Spaß. Infos unter www.deutscheschule.no oder Tel.: 22 93 12 20.

Der Start in Norwegen

Fremdsprache folgt in der Jugendschule. Für Schulkinder der ersten vier Klassen bieten die Schulen nach dem Unterricht Betreuung und Freizeitaktivitäten an. Die großen Ferien sind von Ende Juni bis Mitte August.

Weiterführende Schule/ Berufsschule

Nach der Grundschule wechseln die Schüler, wenn sie wollen, auf eine weiterführende Schule (Videregående Skole). In dieser Schule ist gewissermaßen die Ausbildung für einen Beruf integriert. Sie dauert je nach Berufszweig zwischen drei und vier Jahren und endet mit einer fertigen Berufsausbildung oder einer allgemeinen Hochschulqualifikation.

Studium

Norwegen verfügt über sechs Universitäten: in Oslo, Stavanger, Bergen, Trondheim und Tromsø. Darüber hinaus gibt es zahlreiche Fachhochschulen. Die Fachhochschulen sind spezialisiert auf Musik, Architektur, Veterinärmedizin, Sport und Wirtschaft, wobei die Handelshochschule in Bergen internationales Renommee genießt. Dazu verfügt jeder Verwaltungsbezirk (Fylke) über eine eigene Hochschule mit unterschiedlichen Lehrangeboten sowie über private Hochschulen. Weitere Informationen zum norwegischen Bildungswesen finden Sie unter www.norway.no.

Die Finanzierung des Studiums wird über einen staatlichen Studienkredit gewährleistet. Auch Ausgewanderte können sich auf den Kredit bewerben, sofern sie eine Arbeitserlaubnis haben. Zurückgezahlt werden muss der Kredit erst Jahre nach Studienabschluss. Infos bei der staatlichen Vergabestelle www.lanekassen.no.

Anerkennung von Studienleistungen

Die in Deutschland erworbenen Qualifikationen werden normalerweise von den norwegischen Bildungseinrichtungen ohne zusätzliche Leistungsnachweise anerkannt. Den entsprechenden Antrag stellen Sie bei der Norwegischen Agentur für Qualitätssicherung im Bildungswesen (Nokut). Dort werden die bislang erworbenen Studienleistungen aufgeschlüsselt und in das norwegische Bachelor-, Master- und Doktorandenangebot eingeordnet.

Mit dieser Bestätigung in der Tasche bewerben Sie sich dann bei der von Ihnen bevorzugten Hochschule. Studenten, die an einer Universität oder Hochschule zugelassen sind, erhalten automatisch eine Aufenthaltserlaubnis für die Dauer ihres Studiums. Der Studierende muss dazu nachweisen können, dass er über ausreichende finanzielle Mittel verfügt.

Heirat, Scheidung und Geburt

Im Cinderella-Rausch gefallen sich Norwegische Brautpaare am besten - Stichwort: royale Eheschließung. Denken Sie nur an die Traumhochzeit des Kronprinzen Haakon mit der Bürgerlichen Mette-Marit! Auch für Auswanderer können moderne Märchen wahr werden:

Der Start in Norwegen

Eine Heirat ist in Norwegen unabhängig von Staatsangehörigkeit und bisherigem Wohnsitz möglich.

❧ Heirat

Getraut werden Sie, wie in Deutschland, entweder von einem Standesbeamten (Notarius publicus) oder einem Priester der norwegischen Kirche beziehungsweise einer registrierten Glaubensgemeinschaft. Eine Liste der jeweiligen Ansprechpartner erhalten Sie bei Ihrer örtlichen Bezirksverwaltung (Fylkesmann).

Gleichgeschlechtliche Paare sind vor dem norwegischen Gesetz mit heterosexuellen Partnerschaften gleichgestellt. Sie dürfen demnach heiraten, beziehungsweise eine „eingetragene Lebenspartnerschaft" eingehen - wie es im Amtsdeutsch heißt. Zudem dürfen homosexuelle Paare in Norwegen auch Kinder adoptieren.

Dokumente

Für die Vermählung müssen deutsche Staatsangehörige auch in Norwegen einige Dokumente vorlegen. Im Einzelnen sind das:

» Erklärung des Brautpaars (Formular „Q-0150", erhältlich beim Folkeregister)

» Erklärung der Trauzeugen (Formular „Q-0151", erhältlich beim Folkeregister)

» Ehefähigkeitszeugnis (Antrag beim Standesamt des letzten Wohnortes in Deutschland)

» Geburtsurkunden beider Partner

» Reisepass oder Personalausweis

» wenn zutreffend das Scheidungsurteil oder die Sterbeurkunde eines früheren Ehegatten

Dazu noch ein wichtiger Hinweis: Öffentliche Urkunden aus Deutschland (zum Beispiel Geburts- und Heiratsurkunden oder Gerichtsurteile) müssen von den norwegischen Behörden als echt anerkannt werden. Dies erreichen Sie durch eine „Apostille", die bei der örtlichen

Bezirksverwaltung (Fylkesmann) ausgestellt wird. In der Deutschen Botschaft können Sie Unterschriften und Fotokopien gegen Gebühr ebenfalls beglaubigen lassen. Dafür bringen Sie neben dem Dokument, auf dem Ihre Unterschrift beglaubigt werden soll, die Originale der Dokumente und Ihren Reisepass mit.

❧ Scheidung in Norwegen

Manchmal endet eine Traumhochzeit in einer Albtraumehe. Niemandem ist das zu wünschen. Sollte es dennoch ungünstig für Sie und Ihren Ehepartner gelaufen sein und Sie die Scheidung wünschen, wenden Sie sich an die Bezirksverwaltung (Fylkesmann) Ihrer Region. Voraussetzung für eine Scheidung ist entweder der

Der Start in Norwegen

Ablauf eines Jahres nach der Bewilligung einer förmlichen Trennung (Separasjon), oder eine nachgewiesene zweijährige Trennungszeit.

❧ Geburt

Ihr Kind erhält bei der Geburt in Norwegen, unabhängig der Staatsangehörigkeit der Eltern, eine norwegische Geburtsurkunde (Fødselsattest) durch das Folkeregister ausgestellt. Eine deutsche Geburtsurkunde kann auf Wunsch bei der Deutschen Botschaft beantragt werden. Die deutsche Staatsangehörigkeit erhält Ihr Kind automatisch, wenn mindestens ein Elternteil deutsch ist. Hat ein Elternteil die norwegische oder eine andere Staatsangehörigkeit, so kann Ihr Kind diese Staatsangehörigkeit zusätzlich zur deutschen, auf Antrag, erhalten.

❧ Staatsbürgerschaft

Die norwegische Staatsbürgerschaft können Sie beantragen, wenn Sie von den vergangenen zehn Jahren mindestens sieben in Norwegen gelebt haben. Zusätzlich müssen Sie 300 Stunden eines Norwegischsprachkurses oder vergleichbare Kenntnisse nachweisen.

Doppelte Staatsbürgerschaften sind – mit Ausnahme von Neugeborenen eines binationalen Elternpaares – ausgeschlossen. Norweger, das ist man ganz oder gar nicht.

Geht es Ihnen darum, regelmäßige Behördengänge wegen der Verlängerung der Aufenthaltserlaubnis zu vermeiden, versuchen Sie es besser mit einer permanenten Aufenthaltserlaubnis (Bosettingstillatelse). Voraussetzung: Sie sind mit einem norwegischen Staatsbürger verheiratet und seit mindestens drei Jahren im Land; oder Sie haben sieben Jahre in Norwegen gelebt.

Arbeit

Arbeiten in Norwegen

Norwegen gehört dank seiner Erdöl- und Erdgasvorkommen zu den reichsten Ländern der Erde. Der Boom in der Öl- und Gasindustrie hat die Wirtschaft gepusht. Weil aber weder Ausbildung noch Arbeitsmarkt mit dem rasanten Wirtschaftswachstum mithalten konnten, herrscht Fachkräftemangel. Auch wenn es heutzutage für ausländische Jobanwärter nicht mehr ganz so rosig ausschaut wie noch vor wenigen Jahren: Es stehen viele Türen offen. Warum eigentlich genau?

1. Norwegens wachsende Wirtschaft hat Wohlstand gebracht. Junge Norweger wählen seither eher akademische als handwerkliche Berufe. Dadurch bleibt ein großer Bedarf an Handwerkern offen, der mithilfe ausländischer Fachkräfte gedeckt wird.

2. Das Ausbildungssystem in Norwegen ist anders strukturiert als etwa in Deutschland. Lehrlinge durchlaufen eine hauptsächlich schulische Ausbildung, während deutsche Azubis die meiste Zeit in der Firma arbeiten. Diese praktische Erfahrung schätzen norwegische Arbeitgeber sehr.

3. Das raue norwegische Klima lässt Infrastrukturen wie Straßen und Brücken schnell verschleißen. Das erhöht die Auftragslage im Bau- und Ingenieursgewerbe, die bislang vollständig bedient werden konnte, weil ausreichend Geld für neue Bauprojekte vorhanden ist.

Das sind vielversprechende Jobaussichten, die über die letzten Jahre Tausende Arbeitnehmer aus EU-/EWG-Ländern nach Norwegen gelockt haben. Inzwischen beschäftigt schon jedes dritte norwegische Unternehmen Mitarbeiter aus dem Ausland. Deutsche machen von ihnen die drittgrößte Gruppe aus.

⚒ Arbeitsmarktbedingungen

Ende Oktober 2008 betrug die Arbeitslosenquote in Norwegen 1,7 %. Zum Vergleich: In Deutschland waren im selben Monat 7,2 % der erwerbsfähigen Menschen arbeitslos. Derlei Traumwerte aber werden die nächsten Jahre eher nicht zu halten sein. Die letzten Prognosen des NAV sehen einen leichten Anstieg der Arbeitslosenquote voraus. Auf Branchen bezogen nahm die Arbeitslosigkeit bereits deutlich zu, vor allem traf es das Baugewerbe und Industriefacharbeiter, nachdem die Zahl der Aufträge zurückgegangen war.

Zunehmend berichten deutsche Arbeitnehmer in Norwegen, es sei schwieriger geworden, einen Job zu bekommen – die Ansprüche der Arbeitgeber an ausländische Angestellte sind eindeutig gestiegen, vor allem was die Kenntnis der norwegischen Sprache anbelangt. Das alles sollten Sie unbedingt im Hinterkopf haben, sobald Ihnen jemand etwas von „perfekten" norwegischen Arbeitsbedingungen weismachen will.

Trotzdem müssen Sie keinesfalls Ihre Träume über Bord werfen! Im Europavergleich ist die Arbeitslosigkeit in Norwegen immer noch äußerst gering. Den leichten Anstieg erwarten die Experten als Folge der 2008 begonnenen Turbulenzen an den internationalen

Arbeiten in Norwegen

Präzision und Fleiß: Diese angeblich so typisch deutschen Eigenschaften sind in Norwegen geschätzt

Finanzmärkten. Die allerdings werden Norwegen vermutlich, wie bisher auch, weniger treffen als andere Länder, weil der Erdölpreis robust bleiben soll. Es gilt: Informieren Sie sich regelmäßig über den aktuellen Stand auf dem Arbeitsmarkt.

⚒ Most wanted

Die Spanne der gesuchten Fachkräfte ist breit. Im produzierenden Sektor werden Arbeitskräfte besonders benötigt, gefolgt von der Gastronomie- und Hotelbranche. Dringend gesucht werden in ganz Norwegen Zahnärzte, hauptsächlich in kleineren Gemeinden und entlegenen Regionen. Eine Übersicht:

» Die besten Jobaussichten haben Schreiner, Tischler, Klempner, Rohrmonteure, Schweißer, Feinblechner, Gerüstbauer und Bauingenieure.

» Gute Arbeitsmöglichkeiten finden Ingenieure, Maschinisten, Schiffselektriker und -mechaniker, Stewards, Köche und Monteure vor.

» Im Gesundheitswesen werden nach wie vor Fachkräfte gesucht, ganz dringend Zahnärzte und Fachärzte. Der Bedarf an Pflegepersonal und Allgemeinmedizinern geht dagegen zurück.

» In der Bauindustrie ist vor allem in den großen Städten (Oslo, Bergen, Stavanger und Trondheim) die Nachfrage nach qualifizierten Baufachkräften hoch, geht aber etwas zurück.

» In der Ölindustrie besteht vornehmlich ein Bedarf an Ingenieuren (Elektrotechnik, Maschinenbau, Verfahrenstechnik) und Technikern.

» In der Schifffahrt gibt es einen Mangel an qualifizierten Schiffsoffizieren.

Wegen des rauen Klimas haben Bootsschrauben schnell ausgedient

Arbeiten in Norwegen

Sprachkenntnisse

Kenntnisse des Norwegischen setzen Arbeitgeber zunehmend voraus. Für einige Stellen in der Landwirtschaft und im Fischereiwesen sowie in der Hotel- und Gastronomiebranche genügen gute Englischkenntnisse. Die Ölindustrie hat Englisch als Unternehmenssprache grundsätzlich eingeführt. Für die Arbeit auf einer Bohrinsel indes müssen Sie sehr gute Norwegischkenntnisse vorweisen.

Ältere Arbeitssuchende

Die norwegische Vermittlungsstatistik zählt deutlich weniger Arbeitssuchende über 45 Jahren als jüngere. Aber vermutlich wagen Ältere einfach nur seltener den Schritt in eine neue Stelle oder vollkommen andere Branche. Wer sich gezielt auf die Suche macht, der findet auch als „50plus". In einigen Bereichen, etwa Schweißarbeiten, werden erfahrene Handwerker gegenüber blutigen Anfängern sogar bevorzugt. Voraussetzung ist, dass Sie körperlich und fachlich fit sind, außerdem Norwegisch oder wenigstens Englisch sprechen.

Au-pair

Als Au-pair verbinden Sie Leben und Arbeit auf unübertreffliche Weise. Sie sind Teil einer norwegischen Familie, wodurch Sie Gelegenheit haben, viel über das Land und die Menschen zu lernen, besondere Orte kennenzulernen und rasch neue Freunde zu gewinnen. Ihre Aufgabe ist in erster Linie die Betreuung der Kinder. Tagsüber spielen Sie mit ihnen, bringen sie zum Kindergarten oder holen sie von der Schule ab, helfen bei den Hausaufgaben. Wie lange Sie arbeiten, hängt von den Absprachen zwischen Ihnen und Ihren Gasteltern ab, üblich sind fünf bis sechs Stunden täglich. Bewerben können Sie sich bis spätestens vier Monate vor der geplanten Einreise bei der Jugendaustauschorganisation „Atlantis Utveksling", www.atlantis-u.no.

Zulassungen

Eine offizielle Anerkennung Ihrer in Deutschland erworbenen Ausbildung oder Studienleistungen wird in Norwegen selten verlangt. Gewöhnlich entscheidet der Arbeitgeber anhand Ihrer Bewerbungsunterlagen, ob ihm Ihre Ausbildung und Qualifikation genügt.

Es gibt allerdings Berufe, die eine staatliche Zulassung Ihres deutschen Berufsabschlusses zwingend voraussetzen. Die Bearbeitung Ihrer Anerkennung kostet 660 NOK und dauert bis zu vier Monate. Ihre Dokumente müssen Sie zudem auf Englisch oder Norwegisch einreichen, also gegebenenfalls vorher übersetzen und beglaubigen lassen.

Made in Germany

Waren Sie als Deutscher schonmal irgendwo im Ausland unterwegs? Früher oder später wurden Sie da sicher mit dem Klischee des typischen Deutschen konfrontiert: Pünktlichkeit, Ordnungssinn, Genauigkeit, Fleiß. Was Südländer bestenfalls belächeln, wird in Norwegen laut neuesten Umfragen hoch geschätzt. „Made in Germany", das gilt für Norweger offenbar als Qualitätsmerkmal. Machen Sie sich das zunutze! Stereotyp hin oder her.

Arbeiten in Norwegen

Folgende Berufsgruppen setzen eine Zulassung voraus:

» Gesundheitsberufe: Ärzte, Krankenpfleger, Psychologen, Physiotherapeuten, Ergotherapeuten, Bioingenieure, Krankenschwestern, Hebammen. Zuständig für die Zulassung ist die norwegische Zentralstelle für die Zulassung von Personal im Gesundheitswesen (Statens Autorisasjonskontor for Helseperso-nell).

» Lehrer, einschließlich Vorschullehrer. Zuständig: Direktorat für Grund- und Sekundarschulwesen (Utdanningsdirek-toratet).

» Rechtsanwälte und Immobilienmakler. Zuständig: Aufsichtsbehörde für Rechtsanwälte (Tilsynsrådet for Advokatvirksomhet).

» Tierärzte. Zuständig: Behörde für Lebensmittelsicherheit (Mattilsynet).

» Steuerberater und Wirtschaftsprüfer. Zuständig: Finanzaufsichtsbehörde (Kredittilsynet).

» Seefahrtsberufe. Zuständig: Schifffahrtsverwaltung (Sjøfartsdirektoratet).

⚘ Bewerbung

Gehen Sie frühzeitig auf Jobsuche, möglichst schon in Deutschland, unbedingt aber direkt nach Ihrer Ankunft in Norwegen. Auch in einem Land mit niedriger Arbeitslosenquote wie Norwegen kann die Suche länger dauern als erwartet. Nichts wäre ärgerlicher, als wenn Ihr Budget knapp würde und Sie Kompromisse eingehen müssten – wo Sie doch vielleicht gerade wegen eines frustrierenden Jobs Deutschland den Rücken gekehrt haben.

⚘ Von Deutschland aus

Erwähnen Sie im Bewerbungsschreiben, dass Sie gerne kurzfristig zu einem Gespräch nach Norwegen kommen (mal einen Tag Urlaub nehmen sollte für etwas so Wichtiges wie ein Bewerbungsgespräch möglich sein). Damit erhöhen Sie Ihre Chance, vom möglichen Arbeitgeber nicht postwendend aussortiert zu werden. Keiner kauft schließlich gerne die Katze im Sack. Es ist Ihre Aufgabe als Bewerber, dem Chef zu zeigen, dass Sie kein Risiko für sein Unternehmen sind und halten, was Ihr Bewerbungsschreiben verspricht.

Oft genügt es schon, dass Sie Ihre Bereitschaft vorbeizukommen signalisieren, und Sie müssen gar nicht anreisen. Ein ausführliches Telefonat – vielleicht sogar per Skype-Telefonie mit Webcam – reicht es dann genauso. Darauf aber sollten Sie genauso gut vorbereitet sein wie auf

What's my job?

Wenn Sie nicht wissen, wie das denn eigentlich auf Englisch heißt, was Sie da so vorzuweisen haben, informieren Sie sich beim „Bundesinstitut für Berufsbildung": Auf dessen Internetseite www.bibb.de stehen Profile und Zeugnisse deutscher Ausbildungsberufe auf Englisch. Alternativ dazu liefert „Europass" auf www.europass info.de eine Kurzbeschreibung der berufsbezogenen Fähigkeiten auf Englisch.

Arbeiten in Norwegen

ein Gespräch unter vier Augen, d. h. Sie sollten Ihren Lebenslauf zur Hand haben, mögliche Lücken darin erklären können (Arbeitslosigkeit? Eltern gepflegt?), über das Unternehmen Bescheid wissen, sich Fragen zum Job notiert haben. Und: freundlich und höflich sein. Ihr Gegenüber wird Ihr Lächeln nicht sehen, aber garantiert hören.

In Norwegen

Sollten Sie trotz Ihrer Bemühungen in Deutschland kein Angebot für einen Job in Norwegen erhalten, lassen Sie sich nicht entmutigen. Registrieren Sie sich in diesem Fall direkt nach Ihrer Ankunft in Norwegen als Arbeitssuchender beim dortigen Arbeitsamt NAV. Dann haben Sie als Staatsbürger aus EU-/EWR-Mitgliedsstaaten bis zu sechs Monate Zeit, eine Arbeitsstelle zu finden. Es gibt einige Auswanderer, die erst in Norwegen bei der Stellensuche fündig geworden sind. Freilich müssen Sie die Zeit ohne Job sorgfältig vorbereiten. Planen Sie vor allem ein großes finanzielles Budget von mehreren Tausend Euro ein, um in den ersten Wochen über die Runde zu kommen!

Wenn Sie dann eine Stelle gefunden haben, machen Sie sich klar, dass Sie sich erst einmal hocharbeiten müssen. Auch wenn Sie sicherlich mehr können und früher mehr Verantwortung übernommen haben: In Norwegen sind Sie erstmal Handlanger. Seien Sie sich dafür nicht zu schade! Bleiben Sie Optimist, schauen Sie

zu und lernen Sie. Nach einer kurzen Einarbeitungszeit weiß der Chef, was Sie können, und lässt Sie eigenverantwortlich arbeiten.

Anschreiben

Ihr Bewerbungsschreiben um eine Arbeitsstelle können Sie je nach Stellenanforderung in Deutsch oder Englisch verfassen. Ein Foto ist nicht so bedeutend wie in Deutschland, sollte aber dennoch beiliegen, weil es dem Arbeitgeber einen persönlichen Eindruck von Ihnen erlaubt. Das gilt vor allem, wenn Sie nicht selbst vorstellig werden. Das Schreiben verfassen Sie mit dem Computer oder in Maschinenschrift. Beschränken Sie sich auf eine DIN-A4-Seite. Und vergessen Sie nicht, Ihre Unterschrift ans Ende zu setzen.

Lesen Sie für die Formulierung Ihres Anschreibens die Stellenausschreibung sorgfältig durch. Machen Sie dann Angaben zu allen aufgeführten Anforderungen. Begründen Sie, warum Sie sich gerade auf diese Stelle bewerben. Machen Sie deutlich, dass Sie sich über das Unternehmen und über die erforderlichen Qualifikationen informiert haben. Erläutern Sie, dass und wie Sie die Anforderungen erfüllen werden. Beschreiben Sie außerdem kurz Ihre Gründe, warum Sie in Norwegen leben möchten.

Statt einfach nur Qualifikationen herunterzurasseln, versuchen Sie, diese mit persönlichen Erfahrungen, praktischen Beispielen oder den Anforderungen aus der Stellenanzeige zu verbinden. Außerdem ganz wichtig: Kommen Sie zum Punkt! Kurz und knackig, das sollte ein Bewerbungsschreiben sein.

Arbeiten in Norwegen

❧ Lebenslauf

Zu jedem Bewerbungsschreiben gehört Ihr Lebenslauf (Curriculum Vitae). Der Lebenslauf sollte eine, maximal zwei DIN-A4-Seiten umfassen. Die Angaben müssen absolut korrekt sein. Beachten Sie, dass die aktuellsten Anstellungen und Ausbildungswege in norwegischen Lebensläufen zuerst genannt werden. Der Lebenslauf ist üblicherweise in sieben Teilbereiche gegliedert, Folgendes gehört hinein:

» Angaben zur Person

Name, Anschrift, Telefonnummern mit Landesvorwahl, E-Mail-Adresse, Geburtsdatum, Familienstand, Nationalität

» Ausbildung (Utdanning)

Dieser Teil enthält Ihre offizielle Ausbildung, Universitätsabschlüsse oder sonstige formale Qualifikationen. Wenn möglich, sollten die entsprechenden norwegischen Ausbildungsgrade oder Prüfungen angegeben werden. Es ist immer nützlich, eine kurze Beschreibung zum Inhalt Ihrer Ausbildung anzugeben.

» Berufserfahrung (Arbeidserfaring)

Der Hauptabschnitt. Beschreiben Sie stichwortartig sämtliche Anstellungen und beruflichen Tätigkeiten, die Sie bislang ausgeübt haben. Haben Sie Ihre Ausbildung gerade erst abgeschlossen, nennen Sie auch Ihre Arbeitserfahrung aus Teilzeitjobs, Ferienjobs und Praktika.

Heben Sie hier auch Ihre Schlüsselqualifikationen (Nøkkelkvalifikasjoner) hervor, also worin Sie besonders gut sind.

» Weitere Qualifikationen (Annet)

Sprachkenntnisse (Språkferdigheter), IT-Fähigkeiten, Weiterbildungen. Erwähnen Sie unbedingt, ob Sie Norwegisch und Englisch schriftlich und/oder mündlich beherrschen, und wenn ja, wie gut.

» Ehrenamtliche Positionen (Tillitsverv), persönliche Interessen (Fritidsinteresser)

Ehrenämter sind in Norwegen gang und gäbe, deren Ansehen ist ungleich höher als in Deutschland. Für Ihre außerberuflichen Interessen kommen spezielle Kenntnisse über andere Länder, sei es über Deutschland oder über bereiste Länder, besonders gut an. Frühere Aufenthalte in Norwegen sollten Sie unbedingt erwähnen.

» Referenzen (Referanser)

Wichtig! Mindestens zwei frühere Arbeitgeber müssen Sie als Referenzen angeben. Norwegische Personalchefs rufen gerne dort an und fragen nach Ihren Leistungen im alten Job. Nennen Sie Namen, Position und Telefonnummer der Personen. Ihre Referenzpersonen sollten Englisch sprechen. Klären Sie vorher ab, ob die Personen, die Sie angeben möchten, auch wirklich dazu bereit sind. Sprechen Sie möglichst auch ein paar Dinge ab, von

Arbeiten in Norwegen

denen Ihnen wichtig ist, dass sie der künftige Arbeitgeber erfährt (Zuverlässigkeit, besonderes Engagement etc.).

» Anlagen (Vedlegg)

Kopien von Empfehlungsschreiben, Zeugnissen, dem Facharbeiterbrief, Zertifikaten über Zusatzqualifikationen und ähnliche Dokumente.

Feinschliff

Sämtliche Unterlagen zusammen, Anschreiben wie Lebenslauf präzise ausformuliert, unter alles Ihre Unterschrift gesetzt? Dann noch nicht ab damit zur Post! Lassen Sie das Ganze unbedingt gegenlesen. Achten Sie auf eine ansprechende Formatierung, vor allem aber auf Rechtschreibung und Grammatik. Das gilt umso mehr, wenn Sie auf Englisch oder womöglich gar Norwegisch geschrieben haben, was eine besonders gründliche Prüfung verlangt.

Erst, wenn Sie selbst mit Ihrem Schreiben zufrieden sind und von einer zweiten Person das Okay bekommen haben, erst dann heften Sie Ihre Unterlagen in eine Bewerbungsmappe und schicken das Ganze mit der Post ans Unternehmen bzw. stellen Ihre digitale Bewerbung zusammen, scannen alle relevanten Unterlagen ein und schicken das Ganze per E-Mail, falls vom Arbeitgeber so gewünscht.

Beachten Sie, dass es eventuell Einsendefristen für Bewerbungen geben kann. Nach Ablauf dieser Frist ist es durchaus empfehlenswert, vorher beim Unternehmen nachzufragen, ob die Bewerbung noch erwünscht ist.

⚒ Arbeitsvertrag

Erst die Arbeit, dann das Vergnügen. Man könnte meinen, die Norweger hätten das erfunden. Der Arbeitsvertrag ist – zusammen mit der später zugeteilten Personennummer – Ihr wichtigstes Dokument. Erst mit dem Arbeitsvertrag können Sie eine Aufenthaltsgenehmigung beantragen, erhalten Sie Ihre reguläre Personennummer zugeteilt und stehen Ihnen die Türen von Versicherung, Bank und dergleichen offen.

Schmieden Sie die Chance auf Ihr neues Leben solange das Eisen noch heiß ist.

Muster-CV

Wie ein norwegischer Lebenslauf aufgebaut ist, sehen Sie sehr gut anhand von Onlinemustern des „Karrieremagasinet": www.karrieremagasinet.no/CV-og-soeknadsmaler/CV-maler. Genauso gut geht ein standardisierter EU-Lebenslauf, herunterzuladen bei „Europass": http://europass.cedefop.europa. eu. Einige Unternehmen stellen Bewerbungsformulare auf ihrer eigenen Internetseite zur Verfügung.

Arbeiten in Norwegen

In Ihrem Arbeitsvertrag sollten folgende Punkte klar geregelt sein:

» Name und Anschrift der Vertragspartner

» Art der Tätigkeit

» Bezüge und Zulagen

» Stellenbeschreibung

» Arbeitszeit in Wochenstunden

» Laufzeit des Vertrags

» Kündigungsfristen

» Termine, Jahresurlaub und sonstige Sondervereinbarungen

Arbeitszeit

Die Probezeit dauert maximal sechs Monate, in dieser Zeit können beide Seiten mit einer Frist von 14 Tagen kündigen. Nach der Probezeit beträgt die Kündigungsfrist einen Monat zum Monatsende, ab fünf Jahren Betriebszugehörigkeit zwei Monate, ab zehn Jahren drei Monate.

Die gesetzliche Höchstarbeitszeit liegt bei neun Stunden pro Tag und 40 Stunden pro Woche. Tatsächlich kommen norwegische Arbeitnehmer im Schnitt auf 37,5 Wochenstunden. Überstunden werden mit mindestens 40 % Zuschlag vergütet, oder Sie gönnen sich ab und zu ein verlängertes Wochenende. Hier lohnt sich die Mitgliedschaft in einer norwegischen Gewerkschaft besonders: Mitglieder mit Tarifvertrag erhalten für Überstunden bis zu 100% mehr als den gewöhnlichen Stundenlohn. Nachtarbeit zwischen 21 und 6 Uhr ist nur in Ausnahmefällen erlaubt.

Urlaub

Der gesetzliche Jahresurlaub umfasst 21 Arbeitstage, mit etwas Glück können Sie mit 25 Urlaubstagen rechnen. Personen über 60 Jahre dürfen eine Woche zusätzlich Urlaub machen. Für bezahlten Urlaub muss in den zwölf Monaten zuvor Gehalt verdient worden sein, von dem dann 10,2% als Urlaubsgeld berechnet wird. Wer im Vorjahr nicht gearbeitet hat, darf in den Urlaub gehen, bekommt aber kein Urlaubsgeld.

Gehalt

Die Löhne in Norwegen sind die höchsten in Europa. Das Gehalt liegt im Schnitt bei 32.300 NOK brutto pro Monat. Aber lassen Sie sich davon nicht zu Träumereien hinreißen. Die Enttäuschung folgt auf dem Fuße: Norweger bezahlen gleichzeitig die europaweit höchsten Steuern, dazu verschlingen die hohen Lebenshaltungskosten einen erheblichen Teil des Lohns. Am Ende könnte Ihnen sogar weniger zum Leben bleiben als bei einer vergleichbaren Arbeit in Deutschland. Dass norwegische Ehepartner in der Regel Doppelverdiener sind, liegt eben nicht nur an den vorbildlichen Aufstiegschancen für Frauen, sondern auch am Kontostand.

Mustervertrag

Einen Musterarbeitsvertrag erhalten Sie bei der norwegischen Arbeitsaufsichtsbehörde (Arbeidstilsynet) oder unter www.arbeidstilsynet.no.

Arbeiten in Norwegen

Sonstige Regelungen

Bei Krankheit erhalten Beschäftigte bis zu einem Jahr weiter ihr volles Gehalt. Die Altersvorsorge wird durch den Arbeitgeber entweder durch eine Betriebsrente oder einen Zuschuss zu Ihrem privaten Sparvertrag gewährleistet. In wenigen Branchen, etwa dem Baugewerbe, gilt ein gesetzlicher Mindestlohn. Für zahlreiche andere Berufsgruppen gibt es Tarifvereinbarungen, was vor allem dem vitalen Gewerkschafts- und Fachverbandstreiben in Norwegen zu verdanken ist.

Weiter gilt: Schwarzarbeit oder Steuerhinterziehung, um ein paar Kronen mehr für das neue Haus übrig zu haben, ist kein Kavaliersdelikt. Wer sich dessen schuldig gemacht hat, muss mit drakonischen Strafen rechnen.

⚒ Steuern

Wenn Sie bei einem norwegischen Arbeitgeber beschäftigt sind, müssen Sie auch in Norwegen Steuern zahlen. Notwendig wird das ab einem Aufenthalt von sechs Monaten in Norwegen, vorausgesetzt, Sie haben Ihren Wohnsitz nach Norwegen verlegt und sind weder Student noch Praktikant noch bei einem in Deutschland ansässigen Arbeitgeber beschäftigt.

Melden Sie sich dann bei der norwegischen Steuerbehörde (Skatteetaten). Dort erhalten Sie Ihre Lohnsteuerkarte (Skattekort). Legen Sie dafür vor:

» Arbeitsvertrag

» Reisepass oder Personalausweis

» reguläre oder vorläufige Personennummer

Höhe der Abgaben

Zwei Steuerklassen sind in Norwegen von Bedeutung: Klasse 1 für Alleinstehende und Klasse 2 für Verheiratete. Beide bezahlen in der Regel vom Bruttojahreseinkommen 28% an Lohnsteuer sowie 7,8% an Sozialabgaben für die Kranken-, Renten- und Arbeitslosenversicherung. Besserverdienende müssen tiefer in die Tasche greifen, die Reichensteuer (Toppskatt) liegt bei 9% ab einem Einkommen von 420.100 NOK pro Jahr bzw. 12% ab 682.500 NOK pro Jahr.

Günstigerer Standardabzug

Sie bleiben und arbeiten höchstens zwei Jahre in Norwegen? Dann können Sie einen Standardabzug (Standardfradrag) von 10% Ihres Bruttoeinkommens auf der Lohnsteuerkarte eintragen lassen. Dieser vergünstigte Steuersatz gleicht die Nachteile aus, die Sie als Auswanderer anfangs haben, zum Beispiel weil Sie

Wer verdient wie viel?
Wie viel Sie in Norwegen verdienen können, erfahren Sie auf der Internetseite des Statistikamtes, www.ssb.no, Rubrik „Arbeid" und dort unter „Lønn". Die Durchschnittslöhne zahlreicher Branchen sind hier aufgelistet, die meisten Berichte auf Englisch verfügbar.

Arbeiten in Norwegen

das norwegische Kindergeld mit Verzögerung erhalten. Damit Sie in diesen Genuss kommen, muss die Frist von maximal zwei Jahren unmissverständlich aus Ihrem Arbeitsvertrag hervorgehen.

Steuererklärung

Beantragen Sie Ihre Lohnsteuerkarte so bald wie möglich! Geben Sie die Karte auch so bald wie möglich Ihrem Arbeitgeber. Andernfalls ist Ihr Chef verpflichtet, 50% Steuern von Ihrem Gehalt abzuziehen. Das ist deutlich mehr, als Sie eigentlich bezahlen müssten. Freilich bekommen Sie die zu viel bezahlten Abgaben am Ende des Jahres zurück – aber nur, wenn Sie es schaffen, rechtzeitig eine Lohnsteuererklärung abzugeben.
Stichtag: 30. April. In Ihrer Einkommenssteuererklärung (Selvangivelse) können Sie übrigens weitere Ausgaben einreichen und erstattet bekommen, etwa die tägliche Autofahrt von und zur Arbeitsstätte.

Bonus für Jungverdiener

Einen Steuerbonus hält Norwegen für Jungverdiener bereit: Dank einer Art Bausparsystem (Boligsparing for Ungdom, Infos unter www.forbruker.no) können Sie de facto Ihre gesamten Steuern zurückfordern. Dafür zahlen Sie auf ein spezielles BSU-Konto bei Ihrer norwegischen Bank jährlich zwischen 15.000 und 100.000 NOK ein. Von diesem Betrag

Nicht nur die Lofoten mit dem Fischerdorf Henningsvær sind beeindruckend. Auch die Sozialversicherung im Wohlfahrtsstaat Norwegen kann sich sehen lassen.

werden 20% von Ihrer Steuerschuld abgezogen, darüber hinaus erhalten Sie bis zu 5,5% Zinsen auf das Sparkonto.

Einzige Bedingung: Beim Vertragsabschluss sind Sie nicht älter als 34 Jahre. Und: Das Geld stecken Sie hinterher in den Kauf oder Bau einer Wohnung oder eines Hauses. Was Ihnen ohnehin geraten sei, wenn Sie sich dauerhaft in Norwegen niederlassen.

Doppelbesteuerungsabkommen

Wenn Sie in Deutschland erstmal noch einen zweiten Wohnsitz behalten wollen, ist das kein Problem. In diesem Fall profitieren Sie vom Doppelbesteuerungsabkommen. Das verhindert, dass Sie doppelt, nämlich in Norwegen und in Deutschland, zur Kasse gebeten werden.

Arbeiten in Norwegen

✷ Sozialversicherung

Haben Sie Ihren Arbeitsvertrag unterschrieben? Sind zudem im Besitz Ihrer Personennummer? Ausgezeichnet, mit beidem sind Sie fortan bestens abgesichert. Für Sie und Ihre Familie gelten vom ersten Arbeitstag an automatisch alle Bestimmungen des norwegischen Sozialversicherungssystems (Folketrygden). Norwegen ist ein Wohlfahrtsstaat, was bedeutet: alle Leistungen für alle Einwohner. Nur wer für einen deutschen Arbeitgeber für höchstens ein Jahr in Norwegen arbeitet, bleibt auch weiterhin in Deutschland versichert.

Eigenanteil

Für die Sozial- und Rentenleistungen wird Ihnen vom Bruttolohn ein Eigenanteil (Trygdeavgift) abgezogen. Der Betrag für die Sozialversicherung entspricht 7,8 % des Bruttoeinkommens; für die Rentenversicherung gehen 3 % ab. Mit diesem Eigenanteil werden sämtliche Sozialleistungen großteils abgedeckt. Sie müssen deshalb keine Krankenversicherung extra abschließen. Allenfalls für bestimmte Behandlungen bei Fachärzten müssen Sie zusätzlich Geld bezahlen (vgl: Kapitel „Erste Schritte").

Leistungen

Zu der Vielzahl der staatlich gedeckten Leistungen gehören: Kosten für Arztbesuche, Behandlungen und Medikamente; Altersrente; Hinterbliebenenrente für Ehegatten und Kinder; Leistungen im Fall der Invalidität, bei Behinderungen, zur Wiedereingliederung in das Berufsleben, bei Berufsunfällen; Beihilfen für Alleinerziehende, zur Entlastung bei Krankheit, bei Geburt und Adoption; Arbeitslosenunterstützung; medizinische Hilfe bei Krankheit, Verletzungen, Schwangerschaftsabbruch; Beerdigung.

✷ Kind und Karriere

Männer können in Norwegen bereits seit 1993 in Vaterschaftsurlaub gehen. Der Anteil berufstätiger Mütter liegt weit über dem europäischen Durchschnitt. Es darf also mit Fug und Recht behauptet werden: In kaum einem anderen Land lassen sich Familie und Beruf so mühelos miteinander vereinbaren wie in Norwegen. Kinderleicht sozusagen.

Erziehungsurlaub

Mit der Geburt Ihres Kindes haben Sie als Eltern Anspruch auf zusammengerechnet ein Jahr bezahlten Erziehungsurlaub. Sie können dabei zusammen zwischen 52 Wochen mit 80 % oder 42 Wochen mit 100 % Lohnausgleich wählen.

Drei Wochen vor und sechs Wochen nach der Geburt sind der Mutter vorbehalten. Vier Wochen des Erziehungsurlaubs sind für den Vater reserviert. Den verbleibenden Erziehungsurlaub können die Eltern nach eigener Vorstellung einteilen.

Während der vierwöchigen Väterquote dürfen beide Elternteile auch gleichzeitig freinehmen und ihr junges Familienglück genießen. Will ein Vater über seinen Mindestanspruch hinaus

Arbeiten in Norwegen

freinehmen, muss die Mutter allerdings wieder zurück in den Beruf oder ins Studium, damit das Erziehungsgeld weiter fließt.

Erziehungsgeld

Erziehungsgeld können Sie dann beantragen, wenn beide Elternteile mindestens einer Halbtagsbeschäftigung in sechs der zehn letzten Monate vor der Geburt Ihres Kindes nachgegangen sind. Ihre Einkünfte müssen aufs Jahr hochgerechnet mindestens 19.040 NOK erreicht haben. Haben Sie als Mutter zu wenig verdient, als dass Sie Anspruch auf Erziehungsgeld hätten, fördert der Staat Ihre Auszeit einmalig mit 25.625 NOK.

Das Erziehungsgeld erhalten Mütter oder Väter, die ihr Kind selbst betreuen und während dieser Zeit nicht arbeiten. Ausnahme: die Zeitkontoordnung, auf die hier noch eingegangen wird.

Berechnung des Erziehungsgeldes

Das Ihnen zustehende Erziehungsgeld errechnet sich anhand Ihres bisherigen Einkommens. Offenbar waren die Norweger am Tag, da die Art der Berechnung festgelegt wurde, besonders zahlenverliebt. Ist z. B. die Mutter bislang einer Teilzeitbeschäftigung nachgegangen, wird das Erziehungsgeld des Vaters prozentual nach dieser Teilzeitbeschäftigung der Mutter berechnet, jedoch im Ansatz nach seinem eigenen Gehalt. Im Klartext: Hatte die Mutter eine 50%-Stelle, wird der Vater 50% seines vollen Gehaltes als Erziehungsgeld beziehen, aber eben 50% seines Gehaltes und nicht desjenigen der Mutter. Als Obergrenze gelten 230.000 NOK Jahresgehalt.

Zeitkonto

Das Zeitkonto ist besonders praktisch für Eltern, die beides, Kind und Beruf, miteinander kombinieren möchten. Es ermöglicht Ihnen, das Erziehungsgeld teilweise ausgezahlt zu bekommen, während Sie gleichzeitig mit herabgesetzter Arbeitszeit Ihrem Beruf nachgehen.

Beispiel: Eine bislang vollbeschäftigte Mutter wählt die Option auf 52 Wochen Erziehungsurlaub mit 80 % Lohnausgleich. Sie möchte in den ersten 22 Wochen ganz daheimbleiben. Wenn der Vater seine vier Wochen Väterquote freinimmt, bleiben noch 26 Wochen des gesamten Erziehungsurlaubs übrig. Diese können auf dem Zeitkonto verrechnet werden. Die Mutter entscheidet sich z. B. dafür, in den verbleibenden Wochen wieder zu 50 % in den Beruf einzusteigen, wofür sie dann 50 % Erziehungsgeld erhält.

Kindergeld, Betreuungsgeld

Von dem Erziehungsgeld unabhängig ist natürlich das reguläre Kindergeld (Barnetrygd). Der Jahresbetrag liegt bei 11.640 NOK, Alleinerziehende können für Kinder unter drei Jahren zusätzlich 7.920 NOK Beihilfe beantragen.

Zusätzlich gibt es noch das Betreuungsgeld (Kontantstøtte). Diese Unterstützung ist für Kinder im Alter von ein bis drei Jahren vorgesehen, die entweder gar nicht oder nur stundenweise in einer Betreuungseinrichtung angemeldet sind. Der feste Betrag liegt derzeit bei 3.303 NOK pro Monat.

Arbeiten in Norwegen

?❧ Tipps zur Arbeitssuche

Inzwischen wissen Sie allerhand über den norwegischen Arbeitsmarkt. Fehlt nur noch – der Job an sich. Wie Sie einen finden? „Vitamin B", das gilt auch in Norwegen als Allheilmittel gegen akute Arbeitslosigkeit. Wenn Sie allerdings völlig fremd sind, werden Sie kaum über gute Kontakte verfügen. Versuchen Sie daher, wenn irgend möglich, schon vor dem Umzug in den norwegischen Arbeitsmarkt hineinzuschnuppern. Das geht über Praktika, Zeitarbeit oder ehrenamtliches Engagement. Auch wenn sich Ihre Arbeitssuche in Norwegen lange hinziehen sollte, sind solche Zwischenstopps eine gute Gelegenheit, mit anderen aus Ihrer Branche zusammenzukommen. Norweger machen es Ihnen da leicht. Regelmäßig wird mit Kollegen gegrillt oder durch die Berge gewandert. So kommen Sie auch als Aushilfe mit dem Chef unkompliziert ins Gespräch und erfahren von einer freien Stelle als Erster.

?❧ Von Deutschland aus

Arbeitsämter

Das norwegische Arbeitsamt (NAV) können Sie schon aus Deutschland kontaktieren und um Hilfe bitten. Als besonderen Service bietet das NAV eine Hotline für Arbeitssuchende an. Die Grønn Linje erreichen Sie unter der Rufnummer: +47 800 33166 montags bis freitags von 8 bis 16 Uhr. Bereiten Sie Ihren Anruf vor, indem Sie sich Ihre Fragen (auf Englisch, noch besser natürlich auf Norwegisch) notieren: In welcher Branche suchen Sie Arbeit? In welcher Region? Was bringen Sie an Qualifikationen wie Sprache oder Ausbildung mit?

Zahlreiche offene Stellen hat das NAV auf seiner Website www.nav.no gelistet. Außerdem ist es Mitglied im europäischen Netzwerk EURES (European Employment Services) und pflegt als solches Informationen über offene Stellen in eine internationale, für jeden online verfügbare Datenbank ein. Und weil die deutsche Agentur für Arbeit ebenfalls zu EURES gehört, finden Sie dieselben Stellenanzeigen auch dort.

Nehmen Sie das Ruder in die Hand – mit Kurs auf Ihre Zukunft!

Arbeiten in Norwegen

Internet

Das Internet ist eine wahre Fundgrube für offene Stellen in Norwegen. Neben den Datenbanken von NAV und EURES unterhalten viele norwegische Unternehmen eigene Websites, auf denen Informationen über freie Stellen zu finden sind. Klicken Sie sich einfach durch die Webseiten der Firmen, die für Sie interessant sind. Die Adressen können Sie sich online über die norwegischen „Gelben Seiten" (Gule Sider), www.gulesider.no, heraussuchen.

Norwegische Portale mit großem Jobangebot sind www.finn.no/jobb und www.jobbdirekte.no, allerdings sind diese auf Norwegisch. Auch in Deutschland bekannte Portale betreiben spezielle norwegische Ausgaben, etwa http://jobbsok.monster.no, www.jobpilot.com oder www.stepstone.no.

Einen Überblick über Stellenangebote speziell für Forscher und Wissenschaftler bietet das Europäische Mobilitätsportal für Forscher unter http://ec.europa.eu/euraxess.

Initiativbewerbungen

Wie in Deutschland auch sind bei Weitem nicht alle freien Stellen ausgeschrieben oder beim NAV gemeldet. Der „graue Markt" ist groß. Seien Sie ruhig mutig und schicken Sie eine Initiativbewerbung los. Dabei ist es äußerst wichtig, das Unternehmen erneut zu kontaktieren, kurz nachdem Sie Ihre Bewerbungsunterlagen eingeschickt haben. Zum einen gehen Sie so sicher, dass die Unterlagen auch wirklich

angekommen sind, und zum anderen runden Sie, wenn Sie anrufen, das Bild von sich mit Ihrer Stimme weiter ab. Adressen von Unternehmen finden Sie online über die Gule Sider.

Anzeigen

Die meisten norwegischen Zeitungen bieten Sonderseiten für Stellenangebote an. Die größte überregionale Zeitung ist „Aftenposten", in der täglich offene Stellen veröffentlicht werden. In der Sonntagsausgabe erscheinen die Anzeigen der letzten Wochentage nochmal gesammelt. Die größten regionalen Zeitungen sind „Adresseavisen" (Trondheim und der Verwaltungsbezirk Trøndelag), „Bergens Tidende" (Hordaland) und „Stavanger Aftenblad" (Rogaland). Die offenen Stellen, die in diesen Zeitungen gedruckt werden, finden Sie ebenfalls im Internet auf den jeweiligen Webseiten der Zeitungen.

Fündig werden Sie außerdem in branchenspezifischen Fachblättern und im „Norsk Lysingsblad", dem norwegischen Amtsblatt.

Werden Sie auch selbst aktiv! Geben Sie eine eigene Anzeige auf mit einer kurzen, aber präzisen Beschreibung Ihres Stellengesuchs (gesuchte Branche, Ihre Kenntnisse, gewünschter Einsatzort). Damit beweisen Sie hohe Einsatzbereitschaft und Zielstrebigkeit.

Gewerkschaften

Deutsche Gewerkschaften verfügen über gute Verbindungen zu den entsprechenden Gewerkschaften in Norwegen. Beide, sowohl die

Norwegische Medien online

Die Links zu sämtlichen norwegischen Zeitungen finden Sie auf www.norske-aviser.com gelistet. Vom Vereinsblättchen bis zur überregionalen Tageszeitung „Aftenposten".

Arbeiten in Norwegen

deutschen als auch die norwegischen Vertretungen, sind sprudelnde Informationsquellen für Arbeitsuchende, denn: In Norwegen besteht zwar keine Pflichtmitgliedschaft, aber fast alle Norweger sind in einer Gewerkschaft gemeldet. Unnütz, darauf hinzuweisen, dass unter den Mitgliedern ein reger Austausch über freie Stellen und allerhand Tipps stattfindet.

Der Dachverband mehrerer Gewerkschaften ist Landsorganisasjonen i Norge. Bei dieser Organisation können Sie eine Übersicht über die unterschiedlichen Gewerkschaften in Norwegen beziehen. Zu den weiteren Dachverbänden gehören Akademikerne, eine Berufsorganisation für Akademiker, und Yrkesorganisasjonenes Fellesforbund, der sich aus 23 unterschiedlichen Berufsverbänden zusammensetzt.

Praktika

Bei Praktika hilft nur eines: Eigeninitiative! In der norwegischen Ausbildungspraxis ist es nicht üblich, außerhalb des Studiums Praktika zu absolvieren, weil diese in das Studium integriert sind. Deswegen gibt es keine gesonderte Einrichtung in Norwegen, die sich auf die Vermittlung von Praktika spezialisiert hat. In dem Internetportal www.wege-ins-ausland.org informieren öffentliche Institutionen aus Deutschland über die unterschiedlichen Möglichkeiten, die sie jungen Menschen für einen Auslandsaufenthalt bieten.

Nutzen Sie des Weiteren die Angebote von Austausch-, Studien- und EU-Programmen wie „Leonardo da Vinci" oder „Erasmus". Einen guten Überblick finden Sie auf der Internetseite der „Nationalen Agentur Bildung für Europa" beim „Bundesinstitut für Berufsbildung", www.na-bibb.de, Menüpunkt „Programm Lebenslanges Lernen".

Personalvermittler

Die Vermittlungsagentur „Arbeitskontor" ist zu empfehlen. Sie verantwortet einen Stellenmarkt und die nachfolgende Vermittlung zwischen Bewerber und Unternehmen. Kommt ein Vertrag zustande, verpflichtet sich der Arbeitgeber, eine möblierte Wohnung für Sie parat zu haben. Die freien Stellen sind meist an der Westküste in mittelgroßen Städten, südlich von Trondheim und gelegentlich bei Oslo. Allgemein werden unbefristete Festanstellungen vermittelt. Das Beste: Den Service bezahlt der Arbeitgeber, während für Sie als Bewerber sämtliche Leistungen kostenlos sind. Informationen unter www.arbeiten-in-norwegen.de.

Vergleichbar gute Angebote, auf die Sie vertrauen können, haben außerdem die beiden Vermittlungsagenturen „inPuncto", www.inpuncto-job.com, und „SevenSea", www.sevensea.de.

In Norwegen

Zusätzlich zu den schon oben erwähnten Anlaufstellen wie norwegische Medien und Gewerkschaften, die Sie selbstverständlich genauso und gerade in Norwegen zurate ziehen sollten, werden Sie am ehesten an den folgenden Stellen fündig:

Arbeiten in Norwegen

Lokale Arbeitsämter

Die lokalen Arbeitsämter (NAV Lokal), landesweit über 200 an der Zahl, bieten einen umfassenden und kompetenten Service für Arbeitssuchende an.

Hier erhalten Sie: eine Übersicht über offene Stellen in Norwegen, Unterstützung bei der Übertragung Ihrer Leistungsansprüche (Hartz IV, Rente), Hilfe bei Bewerbungsschreiben und -gesprächen. Die lokalen Arbeitsämter vermitteln außerdem staatlich geprüfte Übersetzer.

Des Weiteren können Sie vom Telefon des Arbeitsamtes aus potenzielle Arbeitgeber anrufen, am Computer Ihre Bewerbungen schreiben oder Ihre Diplome und Zeugnisse kopieren. Als besonderes Extra gibt es „Arbeitsterminals", an denen Sie selbstständig nach offenen Stellen suchen können.

Als wäre das nicht schon genug des Guten, steht in Oslo auch noch speziell für ausländische Arbeitnehmer das „Service Centre" offen. Das noch relativ junge Zentrum ist ein Gemeinschaftsangebot von Steueramt, Polizei, Ausländerbehörde und Arbeitsamt. Die kompetenten Mitarbeiter dort lotsen Sie nun wirklich aus allen Unwägbarkeiten betreffs Arbeitserlaubnis oder Lohnsteuerkarte heraus.

Bibliotheken

Die norwegischen Zentralbibliotheken haben in ihren Beständen mehrere Adressenverzeichnisse, in denen die wichtigsten norwegischen Firmen gelistet sind. Erwähnenswert ist der „Kompass Norge", eine Übersicht über norwegische

Firmen und Industriebetriebe einschließlich deren Adressen, Telefonnummern und Statistiken zu den aktuellen Beschäftigungsverhältnissen. Wirtschaftsdaten über die Unternehmen und die Branchen führt zusätzlich das Verzeichnis „Norges største bedrifter". Beide Publikationen gibt es auch in Englisch. Oft steht in Bibliotheken zudem ein Arbeitsterminal des NAV.

Universitäten

Die sechs großen Universitäten in Norwegen bieten eigene „Career-Center" an. Auf den jeweiligen Homepages der Universitäten können Sie offene Stellen über eine Suchmaske finden, Ihren persönlichen Online-CV hinterlegen oder auch direkt Bewerbungen an die inserierenden Unternehmen versenden.

Vermittlungsagenturen

Private Vermittlungsagenturen und Headhunter sind häufig auf bestimmte Industriezweige und Berufe spezialisiert. Die Agenturen finden Sie in den Gule Sider unter den Stichworten „Konsulenter og rådgivende ingeniører" oder „Vikarbyrå".

Sommerjobs

In Norwegen gibt es sehr viele Sommerjobs. Die meisten Stellen erfordern Norwegischkenntnisse. Freie Stellen können Sie sowohl beim NAV als auch bei den EURES-Beratern in Erfahrung bringen. Klasse Sommerjobs finden Sie außerdem unter www.deltidsjobb.no. Viele der Sommerjobs werden im Februar annonciert, informieren Sie sich daher rechtzeitig!

Arbeiten in Norwegen

Initiativbewerbung

Einfach im Unternehmen vorbeizukommen und sich als Arbeitssuchender persönlich vorzustellen, ist in Norwegen normal. Bringen Sie Ihren Lebenslauf sowie Referenzen und Zeugnisse mit. Bitten Sie um ein Gespräch mit einem Mitarbeiter der Personalabteilung oder noch besser direkt mit dem Chef. Treten Sie professionell, höflich und engagiert auf. Wenn Sie dann noch zur richtigen Zeit am richtigen Ort sind, stehen Ihre Chancen auf eine Probezeit verdammt gut. Firmenadressen finden Sie in den „Gule Sider".

Eröffnen eines eigenen Betriebs

Wenn Sie sich in Norwegen selbstständig machen wollen, ist die Agentur „Scandigconsult" von Thore Jahnsen besonders empfehlenswert. Informationen unter www.scandigconsult.com, Telefon 04821 6049840.

Von offizieller Seite her bietet der norwegische Unternehmensinformationsdienst (Bedin) hilfreiche Informationen, www.bedin.no. Das Institut betreibt ein Servicetelefon mit der Rufnummer 800 33840, dort werden all Ihre Fragen beantwortet. Sobald Ihre Pläne konkret werden, sollten Sie sich an das lokale Wirtschafts- und Handelsministerium in Ihrer Gemeinde (Næringsetaten) wenden, um Details zu speziellen Genehmigungen zu klären.

Jobgesuch

Jobgesuche können Sie problemlos selbst aufgeben – das sollten Sie sogar. Nutzen Sie die Anzeigenseiten der Zeitungen. Denkbar sind auch Aushänge an den Schwarzen Brettern von Universitäten, Cafés oder Supermärkten. Seien Sie kreativ und haben Sie keine falschen Berührungsängste! Ihr Engagement wird geschätzt werden.

Für die Übergangszeit ohne festen Job wäre es auch denkbar, dass Sie sich, je nach Sprachkenntnissen, bei internationalen Unternehmen als Dolmetscher empfehlen. Ebenso könnten Sie in örtlichen Schulen als Tutor aushelfen oder selbst Nachhilfe (am sinnvollsten natürlich in deutscher Sprache) anbieten. Ihrem Einfallsreichtum sind da keine Grenzen gesetzt.

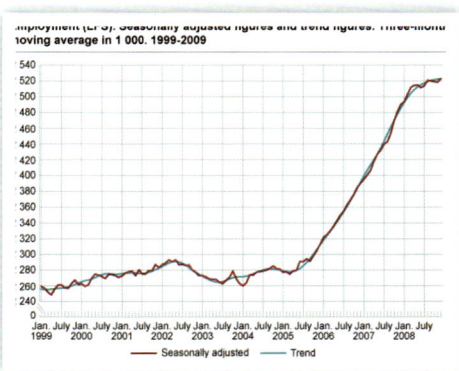

Die Arbeitsmarktentwicklung zeigt gute Chance in Norwegen sein Einkommen zu finden.

Altersversorgung

Abgesicherter Lebensabend

Endlich, der wohlverdiente Ruhestand! Zeit, um die schon lang gehegten Lebensträume zu verwirklichen. Für immer mehr Ruheständler bedeutet das den Neubeginn in Norwegen. Eine gute Wahl: Als Rentner lebt es sich in Norwegen prima. Kommunen setzen sich für die Belange älterer Mitbürger ein, die Altersarmut ist laut offiziellen Erhebungen mit gerademal 2 % äußerst gering und es gibt in Norwegen viele umtriebige Menschen jenseits der 67, die mit Elan und Freude kleinere Aufgaben in der Gesellschaft übernehmen. Als einziges Problem könnte da die Sehnsucht nach den lieben Enkelkindern in Deutschland bleiben.

⚑ Rente in Norwegen

Auch als deutsche Auswanderer dürfen Sie die norwegische Rente (Alderspensjon) beziehen. Folgende Bedingungen müssen Sie dafür erfüllen:

» Sie haben zwischen Ihrem 16. und 66. Geburtstag mindestens drei Jahre in Norwegen gewohnt oder gearbeitet.

» Sie sind im Sozialversicherungssystem Folketrygden gemeldet.

» Sie sind mindestens 67 Jahre alt.

Eine norwegische Rente setzt sich aus drei Kernstücken zusammen: die Grundrente (Grunnpensjon), die Zusatzrente (Tilleggspensjon) sowie Sonderzulagen (Særtillegg).

Grundrente

Die Grundrente erhalten Sie unabhängig von Ihrem früheren Einkommen. Der Grundbetrag beträgt seit 2006 jährlich 62.892 NOK bzw. monatlich 5.241 NOK, wird aber nur dann in voller Höhe gezahlt, wenn Sie seit 40 Jahren in Norwegen leben. Dementsprechend wird Ihr Anteil auf die Dauer Ihres Aufenthaltes in Norwegen umgerechnet.

Rechenbeispiel

Sie wohnen 30 Jahre in Norwegen.
Der Grundbetrag Ihrer Rente beträgt monatlich 5.241 NOK.
Da Sie nicht mindestens 40 Jahre in Norwegen gewohnt haben, erhalten Sie eine anteilige Grundrente die sich wie folgt errechnet:
30 Jahre x 5.241 NOK / 40 Jahre =
3.930,75 NOK.

Zusatzrente

Die Zusatzversicherung greift dann, sobald Ihr Jahreseinkommen einen bestimmten Mindestbetrag übersteigt. Im Jahr 2006 betrug dieser Mindestbetrag 29.600 NOK. Die Berechnung Ihres Zusatzbetrags erfolgt anhand von Rentenpunkten (Opptjente Pensjonspoeng) – zu knifflig, um es an dieser Stelle durchzurechnen. Es sei bei der grundsätzlichen Information belassen: Im Gegensatz zur Grundrente ist die Zusatzrente von Ihrem bisherigen Einkommen abhängig. Genaueres erfahren Sie beim Amt für Sozialversicherungsangelegenheiten im Ausland (Folketrygdkontoret for Utenlandssaker).

Abgesicherter Lebensabend

Sonderzulage

Die Sonderzulage erhalten Personen, die während ihres Arbeitslebens keinen Anspruch auf eine Zusatzrente erworben haben oder deren Zusatzrente geringer ausfällt als eben diese Sonderzulage. Sie ist also eine Ergänzung zur genannten Grundrente und/oder Zusatzrente und abhängig von Ihrer Bedürftigkeit.

Sonderbestimmungen für einzelne Branchen

Besondere Rentenbestimmungen bestehen für Seeleute, Waldarbeiter, Fischer und Krankenpfleger. Hier werden Altersrenten früher gewährt als im allgemeinen System, aber auch nur bis zum gesetzlichen Eintrittsalter von 67 Jahren. Ab dann gilt die Grundrente. Darüber hinaus sind auch Staatsbeamte und Lehrer in einem Sondersystem versichert.

❧ Als Rentner nach Norwegen

Falls Sie als „60plus" es sich schon in Ihrer Hytta gemütlich gemacht haben und Ihren Ruhestand mit Aquavit begießen, Glückwunsch: Sie sind einer von rund 200.000 Deutschen, die ihre deutsche Rente im Ausland beziehen.

Ermöglicht wird das dank des Europäischen Gemeinschaftsrechts: Demnach ist es gleichgültig, ob Sie bisher in Deutschland, Norwegen oder einem sonstigen EU/EWG-Mitgliedsland

gearbeitet haben – jedes Land gewährt, berechnet und zahlt Ihnen gemäß den landesinternen Vorschriften eine eigene Rente. Dabei werden sämtliche Rentenansprüche, die Sie im Laufe Ihres Lebens bei einzelnen EU/EWG-Mitgliedern erarbeitet haben, zu einer Summe zusammengerechnet. Durch diese zwischenstaatliche Rentenberechnung erhalten Sie unterm Strich eine Rente, deren Höhe genauso ausfällt, als würden Sie in Deutschland bleiben.

Jedoch können Sie in bestimmten Einzelfällen durch Ihre Auswanderung doch Rentengeld verlieren. Um ganz sicher zu gehen, dass dies nicht passiert, lassen Sie sich unbedingt rechtzeitig von einem deutschen Versicherungsträger beraten.

Den Rentenantrag können Sie dann rechtzeitig bei der deutschen oder der norwegischen Rentenversicherung stellen. Egal, ob Sie bereits in Norwegen gearbeitet haben oder gerade erst eingewandert sind. Denn die jeweiligen Versicherungsträger tauschen sich untereinander aus. Über Ihre Rentenzahlung entscheiden allein die landesspezifischen Regelungen sowie Ihre bisherige Versicherungszeit und die Art Ihrer Beiträge.

❧ Rentenberechnung

Ihr Anspruch auf eine gesetzliche Rente und deren Höhe ist abhängig von der Art und der Dauer so genannter rentenrechtlicher Zeiten. Das sind die Lebensjahre zwischen der

Mit Riester den falschen Riecher

Die Riester-Rente als Privatvorsorge können Sie leider vergessen. Sämtliche Zuschüsse und Vergünstigungen, die der Staat zur Förderung der Riester-Rente finanziert, müssen beim Auswandern zurückgezahlt werden. Juristische Begründung: Steuern auf die Riester-Rente fallen erst bei Auszahlung an; wer auswandert, entzieht sich aber dem Zugriff des deutschen Fiskus.

Abgesicherter Lebensabend

Berufsausbildung und dem Rentenbeginn. Die rentenrechtlichen Zeiten gliedern sich dabei in Beitragszeiten, Beitragsfreie Zeiten sowie Berücksichtigungszeiten. Also Zeiten, in denen Sie über Ihr Gehalt Rentenbeiträge gezahlt haben und Zeiten, in denen Sie keine Beiträge abführten sowie Zeiten, in denen Sie beispielsweise Kinder erzogen oder Angehörige gepflegt haben, was Ihnen gesondert angerechnet wird.

Entgeltpunkte

Für jedes Versicherungjahr werden nach der Höhe Ihres Gehalts Entgeltpunkte bestimmt. Dabei gilt: Ein Durchschnittsverdiener, der ununterbrochen Beitrag bezahlt, erhält einen vollen Entgeltpunkt pro Jahr. Wer nur Teilzeit arbeitet oder umgekehrt überdurchschnittlich verdient, erhält im Verhältnis zum Durchschnittsverdiener weniger oder mehr Entgeltpunkte pro Jahr. Als durchschnittlicher Lohn gilt derzeit 30.084 Euro brutto im Jahr (Stand: 2008).

Durchschnittsrente

Die Rentenhöhe für unseren Durchschnittsverbraucher – nennen wir ihn Otto Normalo – errechnet sich wie folgt: Sobald Otto Normalo eine bestimmte Altersgrenze erreicht und davor 45 Jahre Rentenbeitrag eingezahlt hat, werden ihm 45 Entgeltpunkte angerechnet. Multipliziert mit einem aktuellen Rentenwert, der zuletzt bei 26,27 Euro für die alten bzw. 23,09 Euro für die neuen Bundesländer lag, erhält Otto Normalo eine monatliche Rente von 1.182,15 Euro (West) bzw. 1.039,05 Euro (Ost).

Rentenauskunft

Es gibt eine Vielzahl unterschiedlicher Faktoren, die über die endgültige Höhe Ihrer persönlichen Rente entscheiden (Eintrittsalter in die Rente, Phasen ohne Verdienst, Überbrückungszeiten mit erhaltenen Transferleistungen, etc.). Wenn Sie genau wissen wollen, wie viel Rente Ihnen ab wann zusteht, beantragen Sie bei Ihrem Versicherungsträger eine Rentenauskunft. Darin sind alle Ihre individuellen Daten aufgelistet.

🗝 Bedingungen für die Aufenthaltserlaubnis

Voraussetzung für den Start Ihres Lebensabends in Norwegen sind also regelmäßige Einkünfte, in diesem Fall regelmäßige Rentenzahlungen

Blickt auf ein erfülltes Leben zurück: eine ältere Dame aus der Finnmark, gekleidet in der Tracht der Samen

Abgesicherter Lebensabend

aus Deutschland. Dadurch erhalten Sie die gewünschte Aufenthaltserlaubnis in Norwegen. Der Rentenbetrag muss dazu mindestens der norwegischen Grundrente entsprechen, derzeit jährlich 62.892 NOK bzw. monatlich 5.241 NOK.

Des Weiteren benötigen Sie für Ihre Aufenthaltserlaubnis eine deutsche Krankenversicherung. In dieser bleiben Sie deswegen versichert, sofern Sie keiner Beschäftigung in Norwegen nachgegangen sind und somit keinerlei Leistungen aus dem norwegischen Sozialsystem beanspruchen können. Medikamente oder Behandlungen beim Arzt rechnen Sie weiterhin mit Ihrer deutschen Krankenversicherung ab.

Mit dem Rentennachweis und der Bestätigung Ihrer Krankenversicherung in der Hand gehen Sie zum Einwohnermeldeamt (Folkeregister), wo Sie Ihre Aufenthaltsgenehmigung beantragen. Die wird zunächst für fünf Jahre erteilt und kann danach immer wieder um weitere fünf Jahre verlängert werden. Selbstverständlich erhalten Sie dann auch Ihre norwegische Personennummer.

Falls Sie als Ehepaar nach Norwegen umziehen und einer der Partner unter dem Mindestrentensatz liegt, ist das kein Problem. Die ausreichende Rente des anderen Partners kompensiert dies, weil dann das Recht auf Familiennachzug greift.

Private Zusatzvorsorge

Fällt Ihre deutsche Rente niedriger aus als die norwegische Grundrente, füllen Sie die Lücke am besten mit einer privaten Zusatzvorsorge. Überhaupt ist das in jedem Fall empfehlenswert. Prüfen Sie dazu die Angebote deutscher Versicherungen und Finanzdienstleistungen, z. B. unter www.ihre-vorsorge.de. Vergleichen Sie diese Angebote mit einigen aus Norwegen. Anhand dessen entscheiden Sie, was für Sie infrage kommt.

Teilzeitjob

Ein Teilzeitjob wäre eine weitere Alternative, Ihre Rente aufzubessern. Rentner sind in Norwegen immer gern als Hausmeister, Kinderbetreuerin oder Bibliothekarin gesehen. Den norwegischen Behörden ist es letztlich egal, woher Sie Ihre regelmäßigen Einnahmen beziehen. Hauptsache, Sie weisen irgendwie ein regelmäßig aufs Konto fließendes Gehalt nach.

Für alle Fragen zur Rente im Ausland stehen Ihnen die „Deutsche Rentenversicherung/ Regionalträger Nord" oder die „Deutsche Rentenversicherung Knappschaft-Bahn-See" (ehemals „Bundesknappschaft, Bahnversicherungsanstalt und Seekasse") als Ansprechpartner zur Verfügung.

Sprache

Verstehen und verstanden werden

„It's the language, stupid!" Wenn Sie in einem fremden Land leben und arbeiten wollen, müssen Sie die Sprache lernen. Ende der Debatte. Es ist verblüffend, wie viele Menschen in ein fremdes Land gehen, ohne sich für dessen Sprache zu interessieren. Immerhin soll das doch die neue Heimat werden! Und dafür ist die Kenntnis der Sprache unverzichtbar.

In zweifacher Hinsicht: Zum einen erhöht der Nachweis, dass Sie mit dem Lernen der Fremdsprache begonnen haben, Ihre Chance auf einen Arbeitsplatz – schon deshalb, weil Sie Ihrem potenziellen Arbeitgeber damit zeigen, dass Sie sich ernsthaft um eine Stelle in seinem Unternehmen bemühen. Viele Arbeitgeber in Norwegen verlangen mittlerweile sogar ausdrücklich Grundkenntnisse des Norwegischen.

Zum anderen werden Sie mit Ihrem neuen Nachbarn oder der Bäckersfrau um die Ecke wesentlich schneller Bekanntschaft schließen. Sie werden sehen: Sobald Sie die Landessprache beherrschen, gehören Sie wie selbstverständlich dazu und fühlen sich nicht mehr so außen vor.

Es geht dabei nicht um den perfekten norwegischen Satz. Trauen Sie sich, auch mit bescheidenen Sprachkenntnissen zu radebrechen. Ihr Gegenüber wird Ihren guten Willen zu schätzen wissen. Oder wie erginge es Ihnen, wenn im Waschsalon von Marzahn-Hellersdorf eine Norwegerin Sie mit herzerweichendem Lächeln fragt, „ub düh kannst helfer mirrr, wiilen danck?" Eben.

In Deutschland

Nutzen Sie jede noch so kleine Chance, schon vor Ihrer Abreise Norwegisch zu lernen. Wenigstens mit den Grundlagen sollten Sie vertraut werden. Wenn Sie regelmäßig lernen, werden Sie sehr schnell Fortschritte machen. Legen Sie am besten täglich eine bestimmte Zeit fest, z. B. 20 Minuten. Das ist wesentlich effizienter als einmal wöchentlich drei Stunden volle Lernpower.

Besuchen Sie nach Möglichkeit auch einen Kurs an der Volkshochschule oder einer Sprachschule. Eine Übersicht finden Sie unter www.norwegeninfo.net. Nachstehend sind außerdem einige empfehlenswerte Sprachschulen aufgelistet. Falls Sie in der Nähe einer Universität wohnen, nehmen Sie doch als Gasthörer an Lehrveranstaltungen der dortigen Skandinavistik teil. Eine Liste aller Skandinavistikinstitute in Deutschland finden Sie unter www.norwegen.no.

Sprachkurse und -schulen:

» OBS! Online,
   www.obsonline.de

Individuell zugeschnittener Unterricht: per Skype, Telefon oder klassisch vor Ort in einer der Schulen in ganz Deutschland. Vermittlung von Sprachkursen in Norwegen. Auf Wunsch individuelle Betreuung durch einen Tutor.

» Logo Sprachenschule, Berlin,
   www.logosprachenschule.de

Verstehen und verstanden werden

Kleine Gruppen, muttersprachliche Lehrer, Konversation

» IS, Düsseldorf/Köln,
   www.is-duesseldorf-koeln.com

Richtet sich an auswanderfreudige Deutsche. Hochwertiges und vielseitiges Aus- und Weiterbildungsprogramm.

» Auslandsgesellschaft, Dortmund
   www.auslandsgesellschaft-deutschland.de

Lernen in Gruppen mit Rollenspielen, Übersetzungen, Dialogen. Veranstaltungen zum interkulturellen Austausch.

» Nordic Training & Job Center,
   Flensburg
   www.ntjc.de

Know-how für den norwegischen Arbeitsmarkt: Sprachkurse, Jobvermittlungsservice, landestypisches Bewerbungstraining

» Norwegen Praxis,
   www.norwegen-praxis.de

Spezialisierungen z. B. für Mediziner, Handwerker. Auf Wunsch Einzelunterricht oder Unterricht in Minigruppen. Schulen in ganz Deutschland.

» Ergänzungsschule im Bildungs-
   zentrum des Handels, Neuruppin,
   www.bz-neuruppin.de

Für ausgebildete Fachkräfte. Jobvermittlung, Unterstützung und Betreuung bei der Bewerbung. Kann durch Bildungsgutschein gefördert werden.

» Sprachkurse am Nordkolleg, Rendsburg,
   www.nordkolleg.de

Traditionsreich. Campusatmosphäre, ruhige Lage, Konzertsäle. Partner der Deutsch-Norwegischen Handelskammer.

» Baltic Training Center, Rostock,
   www.btcweb.de

Flexibles Kursangebot, Job Coaching. Fehlende Berufskenntnisse können parallel zum Sprachkurs erlernt werden. Finanzierung über Bildungsgutschein möglich.

⚘ Selbst ist der „Nordmann"!

Bevorzugen Sie es, allein für sich zu lernen? Nutzen Sie die universitären Sprachlehrinstitute. Dort sitzen Sie mit anderen Sprachlernenden in einem Raum, jeder ein Set aus Kopfhörern, Lernkassette und Aufnahmegerät vor sich, und lernen allein vor sich hin. Zugegeben, etwas linkisch kommt man sich dabei schon vor. Aber dafür stehen Ihnen die neuesten Lehrbücher zur Verfügung, und willige Gesprächspartner für die Kaffeepause gibt es als Dreingabe dazu. Informieren Sie sich bei einer Universität in Ihrer Nähe, oftmals steht das Angebot auch nicht immatrikulierten Menschen kostenlos zur Verfügung.

Fachbuchhändler Meysenburg

Lehrbücher und Wörterbücher können Sie bei „Meysenburg", einer skandinavischen Import- und Versandbuchhandlung, bestellen. Zum Originalpreis oder günstiger. Kompetente Beratung garantiert. Stöbern Sie auf www.meysenburg.de oder rufen Sie an unter 0201 28 32 43.

Verstehen und verstanden werden

Alternativ besorgen Sie sich Lernkassetten und -bücher im Buchhandel oder in der Bibliothek. Die können Sie wunderbar nebenbei beim Kochen oder abends auf dem Sofa ganz für sich allein hören und nachsprechen.

Lesen!

Norwegisch lässt sich eigentlich recht schnell lernen. Da das Norwegische wie ein Mix aus Englisch und Plattdeutsch klingt, werden Sie sich viele Wörter fast wie von selbst einprägen. Auch beim Lesen leichter Texte oder Zeitungen. Die norwegische Zeitung „Klar Tale" etwa, www.klartale.no, ist in einfacher und leicht verständlicher Sprache geschrieben, weil sie speziell für Sprachanfänger konzipiert wurde. Sehr gut zum Üben geeignet.

Hören!

Das Hauptproblem gerade in der Anfangszeit wird eher das Hörverständnis sein. Auf Norwegisch lesen fällt den meisten Deutschsprachigen leicht, aber hören und verstehen ist wegen manch ungewohnter Laute schwieriger. Als Übung bieten sich hier Hörbücher an, am besten solche, die neben der CD auch den dazugehörigen Text enthalten.

Es sollte auch nicht unterschätzt werden, wie viel jemand mitnimmt, der sich nebenher von der fremden Sprache berieseln lässt. Lassen Sie tagsüber norwegisches Radio, z. B. über das Internet, laufen. Unübertroffen ist das norwegische Onlineradio „NRK", www.nrk.no. Themen und Musik für jeden Geschmack, Nachrichten können als Podcast heruntergeladen werden. Alle anderen norwegischen Radiosender laufen über den Player www.minradio.com.

✂ Lehrmaterial

» „Norwegisch Aktiv" Fehr Media e. K., www.fm-route.de

Ausgezeichneter multimedialer Sprachkurs auf CD-ROM. Originelle und durchdachte Übungen zum Lernen von Grammatik, Hörverstehen, Vokabeln, Phrasen, Dialogen. Auf Wunsch ein individuelles Tutorium mit Korrektur.

» „Sprachenlernen24" OnlineMedia World, www.sprachenlernen24.de

Multimedialer Sprachkurs auf CD-ROM. Realistische Alltagssituationen, leicht bedienbare Module, klar strukturierter Aufbau. Texte und Vokabeln von Muttersprachlern vorgesprochen.

» „Ny i Norge" Lehrbuch und Audio-CD von Gerd Manne und Gölin Kaurin Nilsen (ISBN: 978-8211001245)

Für Anfänger. Häufig von deutschen Volkshochschulen eingesetzt, in Norwegen zur Sprachausbildung von Einwanderern. Einziges Problem: keine deutschen Erklärungen zur Grammatik.

Hörbücher bei Lydbokforlaget

Norwegische Hörbücher gibt es bei der Onlinebuchhandlung „Lydbokforlaget", www.lydbokforlaget.no, en masse. Vom Klassiker von Henrik Ibsen bis zum neuesten norwegischen Krimi von Jo Nesbø. Toller Service: Täglich können Sie auf der Website neuen Hörbüchern komplett und kostenlos lauschen.

Verstehen und verstanden werden

» „Kauderwelsch,
  Norwegisch Wort für Wort"
  Sprachführer von O'Niel V. Som
  (ISBN: 978-3894165291)

Sehr gut für völlige Anfänger. Orientiert sich am Alltag mit dem Ziel, möglichst schnell frei zu sprechen. Hilfreich: Wort-für-Wort-Übersetzungen, die die Satzstruktur offenlegen. Außerdem Wissenswertes über Land und Kultur, nützliche Beispielsätze, Vokabelliste. Ein zusätzlicher Audiokurs kann erworben werden.

» „Et år i Norge"

Lehrbuch und Audio-CD von Randi Rosenvinge Schirmer (ISBN: 978-3934106154)

Lehrbuch an Universität und VHS, inklusive Hörtexten. Themen wie Landeskunde, Studium, Beruf werden gut abgedeckt, die Grammatik präzise und verständlich erläutert. Zahlreiche Übungen und Vokabeln.

» „PONS lernen & üben Norwegisch"
  Lehrbuch mit Audio-CD von Martin
  Schmidt (ISBN: 978-3125607453)

Gezielt nachschlagen und die wichtigsten Grundlagen üben. Die Dateien auf der Audio-CD sind für MP3-Player umwandelbar, sodass Sie Ihre persönliche Auswahl an Übungen zusammenstellen können. Nachteil: wenige Übungen zum Formulieren eigener Sätze.

» „Langenscheidts
  Praktischer Sprachlehrgang Norwegisch"
  Lehrbuch (ISBN: 3468803249)

Klassiker, mit Lösungsschlüssel zur Selbstkontrolle, drei Audio-CDs.

» „God Tur" Lehrbuch
  von Björn Kvifte und Margit Berg
  (ISBN: 978-3926972637)

Gerne genutzt an Universität und VHS. Grundlagen zur alltäglichen Kommunikation. Regelmäßige Aktualisierung. Übersichtlich.

» „Oh, dieses Norwegisch!"
  Sprachführer von Martin Schmidt
  (ISBN: 978-3866869073)

Guter erster Einblick. Elementare Wort- und Satzbildungsregeln, bildhafte Wendungen. Plus: humorvoll geschrieben.

» „Norea, Überlebenskenntnisse in Norwegisch." Audiosprachkurs von Alois
  Wiesler und Mariann Pachfischer
  (ISBN: 978-3853120354)

Für alle, die bei null beginnen, keinen Wert auf Perfektion legen und längere Autofahrten zur Sprachberieselung nützen wollen, sagt der Verlag. Und das stimmt auch. Das wichtigste Vokabular zum Alltag, gesprochen in langsamem, schnellerem und normalem Sprachtempo.

Im Internet

Seit geraumer Zeit gibt es im Internet zahlreiche Sprachkurse, die es gut mit den gedruckten Standardwerken aufnehmen können. Manch

Verstehen und verstanden werden

teures Lehrbuch können Sie sich da guten Gewissens sparen, indem Sie auf das Internet zurückgreifen:

» På vei (I) / Stein på Stein (II)
http://pavei.cappelen.no /
www.steinpastein.cappelen.no

Ansprechend gestaltete Seiten zu der gleichnamigen Lehrbuchreihe von Elisabeth Ellingsen und Kirsti Mac Donald. Interaktiv mit Lückentexten und Bilderrätseln. Auf Norwegisch.

» GREI
www.tekstlab.uio.no/grei

Spielerisch aufgebautes Programm zur Grammatik, eigentlich für norwegische Schulkinder entwickelt. Für Fortgeschrittene.

» Sprachlerninstitut der Syddansk-Universität
http://visl.sdu.dk/visl/de

Zahlreiche Spiele und Quiz für Kreative. Analysen zu Grammatik und Syntax für den Denker.

» My Language Exchange
www.mylanguageexchange.com

Spitze! Digitales Tandem: Lernen mit einem Muttersprachler via E-Mail und Chat. Ihr Partner bringt Ihnen Norwegisch bei und Sie ihm Deutsch. Spaß, schneller Lernerfolg und erste Kontakte nach Norwegen garantiert.

» Nordavinden og sola
www.ling.hf.ntnu.no/nos/

Hörbeispiele norwegischer Dialekte. Auf Norwegisch.

» Heinzelnisse
www.heinzelnisse.info

Wörterbuch Deutsch–Norwegisch und Norwegisch–Deutsch. Mit Vokabeltrainer, vielen Links und informativem Forum.

» LEXIN
http://decentius.hit.uib.no/lexin.html

Wörterbuch speziell für Einwanderer. Worterklärung, Textbeispiele. Empfehlenswert: Bilderwörterbuch („Bildesider") mit Dingen des täglichen Lebens. Norwegisch–Englisch.

Wörterbücher

Als deutsch–norwegische Wörterbücher sind in Deutschland hauptsächlich „Langenscheidt" und „Pons" verbreitet. Beide lotsen einen Norwegenbesucher fabelhaft durchs Land, für Auswanderer indes ist die Aufmachung zu spärlich. Der Schwerpunkt beider Bücher liegt auf dem Wortschatz, während Grammatik kaum behandelt wird. Außerdem sind die Übersetzungen manchmal alltagsfremd. Empfehlenswerter sind folgende Wörterbücher:

Alles auf einen Blick

Gut sortierte Links zu allen denkbaren Lernmaterialien bietet die Website www.eldrid.ch/norsk/links.htm der Norwegerin Eldrid Hågård Aas: klassische Wörterbücher, amüsante Lernspiele, Texte zum Hörverstehen und Lesen, außerdem Sammlungen von norwegischen Redewendungen und Zungenbrechern als Auflockerungsübung.

Verstehen und verstanden werden

» „Blå Ordbok – tysk–norsk / norsk–tysk"
  aus dem Kunnskapsforlaget
  (ISBN: 82-573-0909-5)

Klassiker der norwegischen Wörterbücher. Umfangreich, enthält alles, was wichtig ist.

» „tysk–norsk, norsk–tysk Ordbok"
  aus dem Cappelens Forlag
  (ISBN: 82-02-18197-6)

Enthält neben dem Standardvokabular viele Wörter aus der modernen Umgangssprache, damit perfektes Rüstzeug für den Plausch auf der Straße.

» „Stor norsk–tysk ordbok"
  aus dem Universitetsforlaget
  (ISBN: 82-00-12771-0)

Das Beste der Besten. Als solches leider auch teuer: 598 NOK.

» „Tysk–norsk Teknisk Ordbok"
  von Jan E. Prestesæter
  (ISBN: 978-3939703136)

Alle technischen Begriffe.

» „Medisinsk Ordbok, Norsk–Tysk, Tysk–Norsk" von Elisabeth Hoye Porthun und Jan Porthun
  (ISBN: 978-3833432347)

Für Mediziner und Medizinstudenten.

🕮 In Norwegen

Alle Stricke gerissen, nicht mehr dazu gekommen, in Deutschland ein paar Brocken Norwegisch zu pauken? Nun gut, dann kommen Sie in Norwegen erstmal mit Englisch über die Gesprächsrunden. Das geht zugegebenermaßen recht gut, beispielsweise weil Filme nicht synchronisiert werden und Norweger ständig mit der englischen Sprache konfrontiert werden. Aber Sie wollen sich ja nicht nur durchschlagen, Sie wollen sich ein neues Leben aufbauen. Die Ausrede, Sie müssten kein Norwegisch lernen, weil Sie auch mit Englisch durchkommen, gilt deswegen nur am Anfang.

🕮 Sommerkurse

Die Universitäten in Norwegen haben zahlreiche Angebote zum Spracherwerb. Empfehlenswert sind besonders Sprachkurse über den Sommer, die sogenannte „International Summer School". Es gibt sie in Oslo, Trondheim und Bergen.

» Die Universität Oslo bietet 6-Wochen-Kurse für Anfänger und Fortgeschrittene, des Weiteren Kurse in norwegischer Literatur. Informationen unter www.uio.no/iss

» Die Universität Trondheim bietet drei Kurse für Anfänger, Dauer 3–4 Wochen. Informationen unter www.ntnu.no

Buchhandlung Norli

Eine Riesenauswahl an Sprachlehrbüchern bietet die Buchhandlung „Norli" in Oslo, in der Universitetsgate. Überhaupt findet sich dort alles über Norwegen, von Architektur über Essensspezialitäten bis zu Historie und Natur. Das komplette Angebot gibt's auch im Internet unter www.norli.no, wo Sie Bücher bestellen und sich diese – sogar nach Deutschland! – zuschicken lassen können.

Verstehen und verstanden werden

» Die Universität Bergen richtet sich eher an Einwanderer mit ersten Norwegischkenntnissen, Näheres unter www.hf.uib.no.

„Bergenstest"

Dass die Sommerschule in Bergen eher für Fortgeschrittene interessant ist, liegt daran, dass die Universität vor allem auf den sogenannten Bergenstest vorbereitet. Das Bestehen dieses Sprachtests ist Voraussetzung, um an norwegischen Universitäten zum Studium zugelassen zu werden. Es gibt drei Testtermine im Jahr, meist Ende Januar, April und Oktober, mit Anmeldefrist zwei Monate zuvor.

Der schriftliche Test richtet sich sowohl an Studienbewerber als auch an Angestellte, deren Arbeitgeber einen Nachweis über Norwegischkenntnisse verlangt (was seit geraumer Zeit häufiger vorkommt). Der mündliche Test ist vor allem auf ausländisches Gesundheitspersonal zugeschnitten.

Der Bergenstest kann übrigens auch schon in Deutschland abgelegt werden, an der norwegischen Botschaft in Berlin.

Tandem

Spaß garantiert! Schnell, unkompliziert und in lockerer Atmosphäre lernen Sie Norwegisch mit einem Tandemsprachpartner – also einem Norweger, der mit Ihnen Norwegisch lernt und dem Sie im Gegenzug Deutsch beibringen.

Beißen Sie sich durch! Mit ein paar norwegischen Wörtern parat wird der Kontakt zwischen Ihnen und den Norwegern bestimmt nicht unterkühlt.

Machen Sie einfach einen entsprechenden Aushang am Schwarzen Brett der Universität. Formulieren Sie Ihre Anfrage genau, denn mit dem Begriff „Tandempartner" können nicht alle Norweger etwas anfangen.

Volkshochschulen

Norwegische „Volkshochschulen" (Folkehøgskolen) haben mit den deutschen „VHS" nichts zu tun. Es handelt sich um Internatsschulen, deren Studierende aus aller Welt stammen und zwischen 18 und 25 Jahren alt. sind Die Sprachkurse laufen unter „Norwegische Sprache und Kultur". Dauer: 33 Wochen, von August bis Mai. Außerdem gibt es Halbjahreskurse und Kurzkurse. Nur ein kleiner Unkostenbeitrag wird erhoben. Informationen unter www.folkehogskole.no.

Verstehen und verstanden werden

Gemeinsam lernen bringt Spaß, neue Freunde und vor allem schnelle Fortschritte

Die in Deutschland geläufigen VHS entsprechen in Norwegen eher der Folkeuniversitetet, übersetzt „Volksuniversität". Diese ist in Norwegen die größte landesweite Organisation, die Sprachtrainings anbietet. Die dort angebotenen Kurse können Sie mit dem wichtigen Bergenstest abschließen. Details unter www.fu.no.

❧ Staatlich gefördert

Einige Gemeinden, nicht alle, bieten kostenlose Norwegischkurse für Einwanderer an. Fragen Sie bei Ihrer Kommune nach. Alternativ hat das Zentrum für Erwachsenenbildung in Oslo mehrere Standorte für seine Sprachkurse. Renommiert ist die vom Staat geförderte Schule „Rosenhof", in einem wunderschön gelegenen alten Gebäude untergebracht. Anmeldung und Informationen zentral unter www.oslovo.no.

❧ Sprachschulen

Eine Sprachschule ist zwar kostspieliger als das Lernen auf eigene Faust. Dafür bringt Sie das Lernen in der Gruppe schneller zum Erfolg, vor allem das tägliche „Hei!" in Supermarkt und Kantine trainieren Sie von der ersten Stunde an. Adressen von Sprachschulen in Norwegen finden Sie in den Gule Sider, Stichwort „språkskoler". Ein paar Empfehlungen:

» AOF
www.oslo.aof.no

Mehrere Zentren in Oslo. Spezifische Kurse für einzelne Berufsgruppen. Klasse: mit Kinderbetreuung.

» ILS Norwegisches Sprachinstitut
www.nsionline.no

Flexible Kurse. Individuell abstimmbar für Berufsgruppen oder Studierende. Sein Ruf ist so gut, dass norwegische Behörden wie das Finanzamt oder internationale Unternehmen wie Siemens ihre Mitarbeiter dorthin schicken.

Verstehen und verstanden werden

» New2Norway
www.new2norway.com

Intensivsprachkurse in Oslo und Westnorwegen. Einschließlich Umzugsberatung und Übersetzungsservice. Besonderer Bonus: Outdooraktivitäten. Auch hier liest sich die Klientel Erfolg versprechend mit KPMG, Reuters und Finnair.

Norwegisch, was ist das?

Norwegen hat zwei Amtssprachen, die einander sehr ähneln: Bokmål und Nynorsk. Sprachwissenschaftler und wohl auch etliche Norweger werden bei dieser Aussage jetzt laut aufschreien. Aber derjenige, der Norwegisch neu lernt und dem es auf die Verständigung im Alltag ankommt, wird keine allzu gravierenden Unterschiede feststellen. Sprachschulen und Lehrbücher setzen in der Regel auf das weiter verbreitete Bokmål, während Nynorsk als Ergänzung angeboten wird. Gesetzlich sind beide Sprachen gleichgestellt.

Nynorsk

Nynorsk („Neunorwegisch", obwohl es die ältere Sprachvariante ist) hat seine Wurzeln in der ländlichen Bevölkerung. Norwegens lang gestreckte Küste und die Abgeschiedenheit seiner Täler führten über die Jahrhunderte zu unzähligen Bauerndialekten. Als kleinster gemeinsamer Nenner dieser Mundarten wurde das Nynorsk konstruiert.

Heutzutage wird die Sprache nur von etwa einem Fünftel der norwegischen Bevölkerung verwendet, vorzugsweise im fjordreichen Westen sowie in den zentralen Gebirgstälern Ost- und Südnorwegens.

Bokmål

Bokmål („Standard-" bzw. „Buchnorwegisch") hat sich aus den im städtischen Oslo gesprochenen Dialekten herausgebildet. Bei der Sprache handelt es sich gewissermaßen um norwegisches Dänisch, knapp 90 % der Worte sind ganz oder teilweise identisch. Kein Norweger gibt das gerne zu. Vordergründig deswegen, weil sich die Aussprache erheblich unterscheidet: Der Däne verschluckt schon mal Endungen, ja mitunter halbe Worte, was den Norweger zur Weißglut bringt.

Im Hintergrund spielt die jahrhundertelange Abhängigkeit der Norweger von dem gleich großen Nachbarvölkchen Dänemark die größere Rolle – Henrik Ibsen sprach treffend von der „400-Jahre-Nacht". Nach der Unabhängigkeit kämpfte das Bokmål lange mit dem Ruf der „Aristokratensprache", bevor es sich endgültig durchsetzte.

Probe aufs Exempel!
Die eifrig gelernten Vokabeln ganz leicht online überprüfen: mit „Grieg Multimedia", http://norskkurs.no. Kostenlos anmelden und gleich ans Werk. Mutige können sich an einen originalen Bergenstest von 2002 wagen. Wenn Sie den bestehen, dürfen Sie sich zu Recht auf die Schulter klopfen, Ihre Mühe hat sich gelohnt.

Verstehen und verstanden werden

⅋ Ähnlichkeiten mit anderen Sprachen

Da Norwegen nach der Loslösung von Dänemark 1814 an Schweden abgetreten wurde, finden sich heute auch hier sprachliche Ähnlichkeiten. Doch mögen sich manche Schweden und Norweger die raffiniertesten Geschichten erzählen können, es bleibt doch immer ein Risiko für Missverständnisse: Einige Worte bedeuten genau das Gegenteil. Raunen etwa beide einander zu, sie seien „rolig", dann würde sich der Norweger am liebsten in „Ruhe" räkeln, während der Schwede „fröhlich" zum Tanzen loszieht.

Das Isländische wiederum hat sich in den mehr als 1.000 Jahren seit den Wikingern kaum verändert. So mancher Norweger fühlt sich da wie in die eigene Vergangenheit versetzt.

Kleine, aber feine Unterschiede

Ausnahmen bestätigen bekanntlich die Regel. Zwei häufig vorkommende Beispiele für die Unterschiede zwischen Bokmål und Nynorsk:

Deutsch: Ich komme aus Norwegen.
 Bokmål: Jeg kommer fra Norge.
 Dänisch: Jeg kommer fra Norge.
 Nynorsk: Eg kjem frå Noreg.

Deutsch: Wie heißt du?
 Bokmål: Hva heter du?
 Nynorsk: Kva heter du?

⅋ Dialekte

Deutsche Auswanderer versuchen oft, klares „Hochnorwegisch", also keinen Dialekt, zu lernen. Das hat einen Haken: Die beiden offiziellen Sprachen Bokmål und Nynorsk sind „Schrift"-Sprachen. Eine offizielle „Sprech"-Sprache gibt es gar nicht. Deswegen sind Dialekte eigentlich das wahre Norwegisch. Stärker als in Deutschland werden in Norwegen zahllose Dialekte gehegt und gepflegt. Was hierzulande Bayer und Friese, sind dort Osloer und Norlansker. Die jeweilige Mundart ist wichtiger Bestandteil des Nationalstolzes und wird unbeirrt in der Öffentlichkeit verwendet, vom Landwirt bis zum Professor.

Vorsicht, Fettnäpfchen!

Mit dieser Tabelle können Sie „trampe i klaveret" verhindern. Zu deutsch: Sie treten nicht so leicht ins Fettnäpfchen.

Norwegisch	Richtig	Falsch
å leie	mieten	ausleihen
en stund	eine Weile	eine Stunde
må ikke	darf nicht	muss nicht
kinn	Wange	Kinn
det går over	das geht vorbei	det går forbi
tape	ein Spiel verlieren	eine Sache verlieren
krydder	Gewürze	Kräuter
sau	Schaf	Sau
fort	schnell	weg
flott	toll	schnell

Nur die Ruhe!

Der Variantenreichtum der norwegischen Sprache macht die Verständigung nicht unbedingt einfacher. Ihnen als Norwegischlernendem gibt das aber auch gewisse Freiheiten beim Sprechen, weil das norwegische Ohr eigenwillige Aussprachen gewöhnt ist.

Kulturelles

Kulturelle Besonderheiten

Ja, Stereotype sind „politically incorrect". Sie sind vereinfachend, verallgemeinernd und vorverurteilend. Trotzdem ist dieses Kapitel der Frage gewidmet, was einen typischen Norweger eigentlich ausmacht. Ein Stereotyp kann Verhaltensweisen erklären, die den deutschen „Otto Normalverbraucher" im ersten Umgang mit seinen norwegischen Namensvettern „Ola og Kari Nordman" irritieren. Gut gewappnet können Sie aber umso wendiger Ihr persönliches Norwegen entdecken.

„Takk-Takk"

Norweger sind höfliche Menschen. Wegen ihrer Bereitschaft, immer und überall und zu jedwedem Anlass zu danken, haben sie ihren sprichwörtlichen Ruf weg: „Takk-Takk-Menschen". Norweger bedanken sich für das Essen („Takk for maten."), statt dass sie einen „Guten Appetit" wünschen; sie sagen: „Danke für heute Abend" („Takk for i kveld."), lange bevor sie zum Heimweg aufbrechen; und wer sich tags darauf wiedertrifft, bedankt sich für den Vorabend, nach dem Motto „Es war nett gestern." („Takk for i gar.").

Die erste Vokabel, die Sie lernen sollten, ist deswegen eindeutig „takk". Aber Vorsicht! „Takk for alt" bedeutet „Danke für Alles" – sagen Sie das auf keinen Fall zu Ihrem Gastgeber, sondern ausschließlich als letzten Gruß am Grab eines Verstorbenen.

Gesprächskultur

Sport, Kultur und Bescheidenheit – die heilige Dreifaltigkeit für Small Talk in Norwegen. Gespräche werden zwar gerne auch mal mit dem Verweis aufs Wetter begonnen. Noch besser aber kommen Sie damit ins Gespräch: Die Winterolympiade von 1994 fand in Lillehammer statt. Die Wikinger haben Nordamerika schon 400 Jahre vor Christopher Kolumbus entdeckt. Dem Maler Edvard Munch ist der berühmteste „Schrei" der Kunstgeschichte zu verdanken, dem Schriftsteller Henrik Ibsen mit „Nora" wiederum eines der meist gespielten Theaterstücke weltweit.

Damit wäre der Anfang gemacht. Das Ende leider meist auch. Denn der Norweger ist von Natur aus eher schweigsam. Reden ist Silber, Schweigen ist Gold. Spüren werden Sie das vor allem bei geschäftlichen Gesprächen: Unbekümmertes Plaudern, wie es etwa in südlichen Ländern gepflegt wird, weckt in Norwegen eher den Verdacht, Sie wollten von etwas ablenken. Kommen Sie bei Verhandlungen deswegen direkt auf den Punkt, halten Sie den Ton eher zu sachlich als zu kumpelhaft.

Anrede und Vorstellung

Norweger sind wesentlich unkomplizierter bei der Anrede und der gegenseitigen Vorstellung. Ein fester Händedruck, schon wird der Gesprächspartner geduzt und beim Vornamen

Kulturelle Besonderheiten

genannt. Beachten Sie, dass Norweger häufig zwei Vornamen haben, die dann auch beide verwendet werden.

⚓ Soziales

Norweger gelten als zurückhaltend, wenn nicht gar reserviert. Statt einander um den Hals zu fallen oder mit Bussi links, Bussi rechts

Sommer in Oslo. Wer will da schon weg in Richtung Süden?

zu begrüßen, wird beim Treffen ein gewisser Körperabstand gewahrt. Auf Fremde gehen Norweger auch nicht sofort zu. Lassen Sie sich davon nicht verunsichern. Wenn Sie jemanden kennenlernen möchten – dann ergreifen einfach Sie die Initiative.

Die vermeintliche Distanz lässt sich wohl genauso gut als authentisch verstehen. Ein ehrliches und direktes Wort, das schätzt der Norweger. Damit wäre denn auch der sprichwörtlichen skandinavischen Gelassenheit ihr rechter Platz zugewiesen.

Dresscode? Je wärmer, desto weniger

Ein treffendes Beispiel hierfür ist der Dresscode. Zwar geben Norweger schon am Arbeitsplatz nicht viel auf Anzug und Krawatte. Diese Lässigkeit wird aber noch perfektioniert, sobald im Sommer das Thermometer eine bestimmte Gradzahl überschritten hat. Dann flanieren Frauen im Bikini durch den Supermarkt, während junge Männer mit nacktem Oberkörper im Bus fahren. Und alle, wirklich alle tragen unter dem Arm Pfanne oder Grill – unverzichtbar fürs Treffen mit Freunden und Letzteres so etwas wie das inoffizielle Nationalsymbol.

⚓ Essen

„Matglede" – in der traditionellen norwegischen Küche gibt es damit einen Begriff für den gemeinsamen Genuss beim Essen. Norweger hatten zwar lange Zeit eine schwächer ausgeprägte Esskultur als andere europäische Länder. Mittlerweile aber treffen sich

Kulturelle Besonderheiten

Norweger regelmäßig zum „Middag". Nein, das meint nicht das Mittagessen, welches „Lunch" genannt wird, sondern das Abendessen. Oder man isst in der Mittagspause gemeinsam das „Nistepakke", das von zu Hause mitgebrachte Pausenbrot. Dazu wird im Grunde immer Kaffee ausgeschenkt.

Essenseinladung

Bei Geschäftsessen bezahlt in der Regel der Einladende. Als Gast können Sie zwar ein höfliches Angebot machen, die Rechnung zu übernehmen, aber Sie müssen nicht darauf bestehen. Nach dem Essen bedanken Sie sich. Sowieso!, werden Sie jetzt denken. Aber wie schon an anderer Stelle bemerkt, ist das Danken in Norwegen wirklich wichtig. Danken Sie also für alles: für das Essen, die Einladung, das Zusammensitzen. Den Beginn einer offiziellen Dankesprozedur läuten Sie ein, indem Sie mit dem Messer sacht ans Glas tippen und „Takk for maten" („Danke für das Essen.") sagen.

Skål!

Das Glas Wein zum Mittagessen, das Bier mit dem Kollegen nach der Arbeit – so etwas ist in Norwegen eher unüblich, manche behaupten gar, verpönt. Umso archaischer geht es zu, wenn dann doch mal zusammen getrunken wird. Unumgänglich dabei: das „Skål"-Ritual, das Zuprosten. Es stammt noch aus der Wikingerzeit, wobei heute Gläser statt ausgehöhlter Schädel aneinandergestoßen werden. Zuerst wird der Gastgeber Ihnen zuprosten. Darauf antworten Sie, indem Sie Ihr Glas auf mittlere Brusthöhe anheben, in die Augen des Gastgebers sehen,

trinken, das Glas wieder auf mittlere Brusthöhe zurückführen, ihm nochmals in die Augen sehen. Und dann so tun, als sei nichts gewesen.

⚜ Soziales Engagement

Das Ehrenamt ist unter Norwegern sehr verbreitet. Man hilft einander, sei es im Sportverein, bei der Bootsrestaurierung oder beim Kuchenbacken in der Kindertagesstätte. Regelmäßig werden gemeinsame Nachmittage organisiert, einfach mal so ohne besonderen Anlass. Dann geht es mit der gesamten

„Takk for maten." Gesagt, getan! Nach dem Dankesritual dürfen die frischen Garnelen geschlemmt werden

Kulturelle Besonderheiten

Kollegenschaft zum Bowling oder Minigolf. Richten Sie sich darauf ein, dass Ihr norwegischer Arbeitgeber von Ihnen Eigeninitiative und soziales Verantwortungsgefühl auch über die Arbeit hinaus erwartet.

✿ „Ja, wir lieben dieses Land"

... der Beginn der norwegischen Nationalhymne. Das dürfen Sie durchaus wörtlich nehmen – und ernst sowieso. Bei aller Liberalität

Am norwegischen Nationalfeiertag schallt es wie hier in Oslo durch dass ganze Land: „Hoch dem 17. Mai!"

und Weltoffenheit fühlen sich Norweger vor allem als Norweger. Die Bedeutung der eigenen Unabhängigkeit wiegt schwer. Es hat seine Gründe, weshalb mehrere Anläufe zum Beitritt in die EU gescheitert sind.

Das wichtigste Fest des Jahres ist deswegen nicht etwa Weihnachten oder Ostern. Es ist der Nationalfeiertag. Am 17. Mai 1814 nahm Norwegen seine Verfassung an, seither ist der 17. Mai das Herzstück der norwegischen Identität. Farbenfrohe Trachten tanzen an diesem Tag scharenweise durch das Land, gemeinsam wird mit Fähnchen gewedelt, gepökeltes Dörrfleisch gegessen und gefeiert bis spät in die Nacht. Machen Sie unbedingt mit! Sie werden nicht nur eine Menge Spaß haben, sondern sich spätestens dann fast wie ein richtiger Norweger fühlen.

✿ Die Sámi

Menschen in farbenfrohen Trachten und Fellschuhen, die auf ihren Rentierschlitten durch die Weite der Tundra brausen, das ist die gängige, reichlich folkloristische Vorstellung von der Minderheitenbevölkerung Sámi. Mehr Respekt gegenüber dem größten indigenen Volk Europas dürfte mit dem Hinweis aufkommen, dass die Sámi auf über 10.000 Jahre Kultur zurückblicken. Ihr weiträumiges Siedlungsgebiet wurde im Zuge geschichtlicher Entwicklungen vereinnahmt, es erstreckt sich heute über die Staaten Norwegen, Schweden, Finnland und die russische Halbinsel Kola. Nach Jahrhunderten der kolonialen Unterdrückung und Assimilierungspolitik fordern die Sámi seit Anfang des

Kulturelle Besonderheiten

20. Jahrhunderts mit zunehmenden Nachdruck ihre Rechte ein – je nach Standpunkt mehr oder weniger erfolgreich.

Im Einklang mit der Natur

Viele der schätzungsweise 40.000 in Norwegen lebenden Sámi ernähren sich vom Jagen, Fischen und ihrem Kunsthandwerk Duodji. Die ökonomisch bedeutende, aber immer seltener betriebene Rentierzucht war ab dem 17. Jahrhundert zum zentralen Bestandteil des sozialen und kulturellen Lebens geworden. Seither passten sich Sámi dem Jahresrhythmus ihrer Rentierherden an und zogen mit ihnen durchs karge Land. Im engen Wechselspiel mit der Natur entwickelten Sámi ein eigenes Verständnis von Zeit, Gemeinschaft und Identität. Ihre Sprache hat finno-ugrische Wurzeln, ist also nicht mit Norwegisch, sondern mit den Sprachen der Finnen, Esten und Ungarn verwandt. Wichtig: Die Bezeichnung „Lappen" klingt in samischen Ohren als Beleidigung, denn frei übersetzt bedeutet sie soviel wie „Hinterwäldler".

⚜ Religion

Norwegen hat eine lutherische Staatskirche mit dem König als Oberhaupt. Sämtliche Bischöfe und Dekane werden von der Regierung benannt, die oberste kirchliche Körperschaft ist die Generalsynode. 86% aller Norweger gehören der evangelisch-lutherischen Religion

offiziell an. Deren Mehrheit ist jedoch nicht besonders religiös aktiv: Gerade 10% nehmen öfter als einmal im Monat an Gottesdiensten oder vergleichbaren religiösen Versammlungen teil.

Von der übrigen Bevölkerung sind rund 6% Mitglied in anderen religiösen Gemeinschaften. Die größten religiösen und weltanschaulichen Gemeinschaften außerhalb der Kirche sind die Humanistische Bewegung (63.000), der Islam (60.000), die Pfingstbewegung (45.000), die römisch-katholische Kirche (40.000), die evangelisch-lutherische Freikirche (20.000), die Methodisten (13.000) sowie einige kleinere Freikirchen. Etwa 6% gehören überhaupt keiner Religion an.

Stabkirchen – Baukunst zwischen Himmel und Erde

Stabkirchen sind eines der kulturellen Markenzeichens Norwegens. Die künstlerisch und architektonisch außergewöhnlichen Gotteshäuser aus Holz entstanden im 11. und 12. Jahrhundert, während der Übergangszeit vom Heidentum zum Christentum. Besonderes Merkmal sind die senkrechten Stäbe, die als sichtbare Reminiszenz an den Schiffbau der Wikinger gedeutet werden. Die Stäbe (von norwegisch „stav", auf deutsch „Mast") stabilisieren als einziges tragendes Element die gesamte Konstruktion, wobei sie gleichzeitig das Kirchenschiff bilden. Von den einst 800 Stabkirchen des Mittelalters sind heutzutage noch 29 erhalten.

Mein neues Leben

Auswanderer berichten

Der typische deutsche Auswanderer sieht, wenn wir Statistiken glauben dürfen, so aus: Er (oder natürlich sie) ist zwischen 20 und 35 Jahre alt, bringt hervorragende Berufsreferenzen mit und ist frustriert vom deutschen Arbeitsmarkt. Das mag ja stimmen, wenn sämtliche gut 15.000 in Norwegen lebenden Deutsche über einen Nordkamm geschert werden. Was aber treibt Einzelne zum Neustart an? Was erfahren, erleben, empfinden sie dabei? Zwei deutsche Pärchen erzählen.

⚡ Bloß hin nach Norwegen

Eines Tages würde sie zurückkehren und in ihrem „Wunschland" leben, das wusste Jeanette, als ihr Jahr als Au-pair in Norwegen abgelaufen war. Sechs Wochen nach ihrer Hochzeit mit Torsten sollte ihr Wunsch wahr werden: Das frischgetraute junge Ehepaar Sperlich wanderte nach Kristiansand aus. Der gelernte Maler hatte vorher seinen Job bei VW aufgegeben und dank einer Arbeitsplatzgarantie eine ordentliche Abfindung bekommen.

Mit tatkräftiger Hilfe von Familien und Freunden packten die beiden ihr Hab und Gut in einen Sprinter und verließen mit Tränchen in den Augen Bad Nenndorf. Von seinem Heimatdorf war Torsten nie länger als drei Wochen weg gewesen. Den Schritt nach Norwegen wagte er trotzdem: „Angeblich konnte ich als Handwerker blind dorthin fahren", begründet er, und mit einem Augenzwinkern fügt er an: „Ich erhoffte mir einfach ein top Leben."

Ganz so blind starteten die beiden dann doch nicht in ihr neues Leben. Vor dem Umzug war Torsten kurz nach Norwegen gefahren und hatte eines dieser schmucken roten Holzhäuschen mit grüner Tür gemietet. Es lag außerhalb der Stadt, war dafür aber wesentlich günstiger als die Häuser im Zentrum, mit 800 Euro Miete im Monat „ein echtes Schnäppchen".

Jeanette konnte sich auf nahezu perfekte Norwegischkenntnisse aus ihrer Zeit als Au-pair verlassen. Als sich die Baumschulgärtnerin am Tag nach ihrer Ankunft bei einem Gewächshaus nach einem Job erkundigte, plauderte sie mit der Juniorchefin auf Norwegisch so vertraut, dass ihr sofort eine 60-%-Stelle angeboten wurde, mit einem doppelt so hohen Gehalt wie in Deutschland und der Zusage, ab Frühjahr Vollzeit arbeiten zu können.

Heute, zwei Jahre später, sind Jeanette und ihre Juniorchefin gut befreundet. Eine andere norwegische Freundin hat Jeanette über das Internet kennengelernt. „Menschen hier kennenzulernen dauert lange, man braucht viel Geduld", erzählt sie, die von Anfang an „eher an Norwegern interessiert" war als am Kontakt mit anderen Deutschen. „Beim Weggehen spricht dich niemand einfach so mal an, und im Fitnessstudio hantiert jeder vor sich hin."

Wehmut gehört dazu

Problematisch ist die norwegische Zurückhaltung nicht für die beiden, Jeanette und Torsten sind gerne für sich. „Aber mir ist jetzt erst

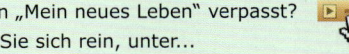 

Auswanderer berichten

bewusst geworden, was es bedeutet auszuwandern. Die Verbindung zum Freundeskreis in Deutschland verliert sich, je länger wir hier leben", bemerkt Jeanette. „Dieser Prozess ist richtig, wir wollen ja zu Norwegen gehören. Und auch wenn ich auf keinen Fall traurig bin: Wehmütig werde ich manchmal doch."

Torsten, der noch mehr ein Familienmensch ist als Jeanette, kommt gut klar, er hat aber öfter mit sich zu kämpfen. Besonders weit erschienen ihm die 650 Kilometer zwischen sich und zu Hause, als seine Mutter schwer krank wurde und er nicht bei ihr sein konnte. Inzwischen hat sie sich erholt, trotzdem fährt Torsten seither regelmäßig nach Hause.

Die lockere Arbeitsatmosphäre kommt Torsten da zugute. Bei seinem Chef kann er sich mühelos freinehmen, gegebenenfalls ist unbezahlter Urlaub kein Problem. Auch im Alltag

hat Torsten „ein stressfreies Leben mehr als erreicht", lacht er und erzählt vom Grillen mit Kollegen während der Mittagspause oder dem frühen Feierabend.

Aber: Es hat sich vieles verändert. Arbeitgeber seien in den letzten Jahren vorsichtiger geworden, stellt Torsten klar. Sie verlangten Sprachkenntnisse und einen Ausbildungsbrief, mindestens. „Viele Deutsche kommen immer noch mit hoch erhobenem Kopf hierher und denken, sie könnten hier den großen Larry machen und Geld scheffeln", erregt sich Jeanette. „Aber inzwischen musst du zu Kompromissen bereit sein, musst runterschalten und dich hinten anstellen. Sonst kannst du es gleich vergessen."

Kompromisse eingehen, für Torsten und Jeanette hieß das besonders, bei der Suche nach einem eigenen Haus die Ansprüche

Auswanderer berichten

runterzuschrauben. Wenngleich die beiden beruflich fest im Sattel sitzen, verdienen sie nicht genug, um einen Hauskredit bei der Bank zu erhalten. „Naiv, wie wir da herangegangen sind. Wir dachten, wir gehen einfach zur Bank und kommen mit mehr Geld wieder heraus, als wir brauchen", erzählt Torsten. Zusätzlich zum reinen Hauskredit hatten die beiden mit umgerechnet 10.000 bis 20.000 Euro gerechnet, davon wollten sie sich neue Möbel und die Renovierung leisten.

Das Gegenteil war der Fall. Ein Fünftel an Eigenkapital hätten sie übernehmen müssen. Das war für beide nicht aufzubringen. Statt eines neu möblierten Hauses mitten in Kristiansand wurde es für Torsten und Jeanette deswegen ein Häuschen am Stadtrand, zu 100 % mit einem Startkredit der Kommune belastet. Aber die beiden sind glücklich mit ihrer Entscheidung. Letztlich bezahlen sie jetzt weniger im Monat als an Miete zuvor. Parkett legen oder Wände tapezieren, das erledigt Torsten selbst, „ohne Eile, wie es zeitlich eben passt".

Vor allem aber, und das wäre selbst mit Kredit unbezahlbar gewesen: Torsten und Jeanette besitzen ihr eigenes Heim. „Norweger kaufen oder bauen Häuser. Deswegen denken viele: Wer mietet, hat kein Geld", erzählt Jeanette. Das sei auch der Grund, warum die meisten Vermieter einen Arbeitsvertrag sehen wollten. „Mit unserem Haus fühlen wir uns mehr als Teil der Gesellschaft."

Noch mehr, als ohnehin schon? Schließlich bekannten Jeanette und Torsten bereits Flagge. Am 17. Mai, dem norwegischen Unabhängigkeitstag, stürzten sich beide in die Feierlichkeiten, rannten, wie es der Brauch ist, Hand in Hand mit den Einwohnern aus Kristiansand im Pulk zum Hafen und bestaunten dort das Feuerwerk. „Wie eine Aufnahmeprüfung war das", lacht Torsten, „danach habe ich mich voll dazugehörig gefühlt." Zum perfekten Glück fehlten jetzt nur noch Kinder. Und die, bekräftigt Jeanette, bekämen auf jeden Fall einen norwegischen Namen.

⚡ Bloß weg aus Deutschland

Vom Plattenbau an einer viel befahrenen Allee der deutschen Millionenmetropole Berlin in die Einsamkeit der norwegischen Kleinstadt Harstadt noch über dem Polarkreis – der Tischler Lutz Wittmann und seine Freundin Eve Hörnig, Friseurin, wagten gleich den ganz großen Sprung. „Das war das Verrückteste, was ich je gemacht habe", sagt Lutz. Aber er sagt auch, es sei das Beste gewesen, was er je getan habe.

Lutz und Eve hatten „die Schnauze voll" von ihrem Leben in Deutschland. Mit ihrem Altersunterschied von 26 Jahren stießen die beiden immer wieder auf Unverständnis, auch im Freundes- und Familienkreis. Als der arbeitslose Lutz zudem keine Aussicht mehr auf einen guten Job sah, entschlossen sich die beiden zum Neuanfang in Norwegen. Kurzerhand und ohne Kompromisse. „Es gab keinen Plan B, nur Plan A, und der hieß: arbeiten", erzählt Eve. Das neue Leben, es stand und fiel mit Lutz' Erfolg, einen Arbeitsvertrag zu bekommen. Als die beiden ihre Möbel eingelagert hatten und mit dem Flugzeug abhoben, hatten sie nur vier

Auswanderer berichten

Koffer und ein Startkapital von 2.000 Euro bei sich. Ein Monat, länger würde das Geld nicht reichen. Schlimmstenfalls wäre nicht mal das Ticket für den Rückflug drin.

Kontakte sind die halbe Miete

„Keine Ahnung, was dann gewesen wäre. Dermaßen blauäugig würde ich da nicht nochmal reinlaufen", weiß Lutz heute im Rückblick. Einer Häufung von Zufällen hatten sie es zu verdanken, dass am Ende alles geklappt hat. Einer dieser Zufälle hieß Mario. Der hessische Fliesenleger war einige Jahre zuvor nach Norwegen ausgewandert und kam über einen gemeinsamen Bekannten mit Lutz und Eve in E-Mail-Kontakt. Er sagte zu, beide bei ihrer Suche nach Job und Wohnung zu unterstützen. Auf Mario war Verlass, er stellte sein Gästezimmer zur Verfügung, stand als Dolmetscher zur Seite und hatte schon erste Termine mit möglichen Arbeitgebern und Vermietern ausgemacht. Ohne ihn, sagt Lutz, wäre die Gefahr zu Scheitern extrem hoch gewesen.

Als größte Hürde erwies sich die Sprache. Lutz und Eve hatten zwar schon in Deutschland erste norwegische Wörter gelernt und setzten sich vor jedem Bewerbungsgespräch nochmal vor ihr Lernprogramm „Norwegisch Aktiv". Gereicht hätte es trotzdem nicht, wenn nicht Mario übersetzt und Lutz' zukünftiger Chef kurz zuvor andere ausländische Mitarbeiter entlassen hätte, sodass Stellen dringend neu besetzt werden mussten. Mehrere Tischlereien weigerten sich dagegen, diesem Deutschen einen Job zu geben, der keine Norwegischkenntnisse hatte und zudem noch nicht mal Englisch konnte.

„Mir hatte man erzählt: Junge, geh' nach Norwegen, da kriegst du gleich am nächsten Tag den Hammer in die Hand gedrückt und kannst loslegen", erzählt Lutz und lacht. „Das ist nicht mehr so. Heute kommt man nicht drum herum, sich am besten schon in Deutschland einen Job zu beschaffen." Andernfalls könne man genauso scheitern wie jener Bekannte, der mit überzogenen Vorstellungen in den Norden gepilgert sei, um bald darauf ohne Job, aber dafür mit Herzproblemen wieder nach Deutschland zurückzukehren.

Ein weiteres Problem sei inzwischen die Auftragslage. Lutz' Firma arbeitet auch für das norwegische Militär. Da sei es als Ausländer schwierig, auf ein Projekt gesetzt zu werden. Den Dezember über nahm Lutz deswegen zwangsweise unbezahlten Urlaub.

Über die Runden kamen beide in diesem Monat dank Eve. Die gelernte Friseurin hatte über die Vermittlungsagentur „Manpower" eine Anstellung in einem Friseurladen bekommen. Die Geschäfte für Eve laufen gut. So gut, dass der Besitzer demnächst, wenn er in Rente geht, Eve seinen Laden überlässt. Von dieser Chance hätte die Anfangzwanzigjährige in Deutschland nie zu träumen gewagt. Trotzdem fiel ihr die Entscheidung nicht leicht, in die Selbstständigkeit zu gehen. Grund auch hier: die Sprache. „Friseurinnen sind immer auch so etwas wie Psychologen, ich muss mit meinen Kunden viel sprechen können", weiß Eve. Außerdem freuten sich die meisten Norweger so sehr, wenn ein Ausländer ihrer Sprache „halbwegs mächtig" wäre. Die nächsten Sprachkurse sind fest geplant.

Auswanderer berichten

Finanziell wird das Risiko der Selbstständigkeit überschaubar sein. Ihre Kommune schießt Gelder dazu, wenn Mitarbeiter in einen Betrieb einsteigen oder ihn ganz übernehmen wollen. Die Höhe wollen Lutz und Eve demnächst verhandeln, sobald sie jemanden zum Übersetzen gefunden haben, „an sich läuft das hier alles unbürokratisch und so nebenbei".

Sollte der Zuschuss nicht reichen, würden sie es einfach genauso handhaben wie in ihrem ersten Monat. Da musste für Eves mit ausgewanderten Hasen Tuffi ein neuer Käfig her, weil der alte nicht in den Koffer passte. Der kostete umgerechnet 140 Euro, ein gehöriger Batzen bei dem winzigen Startkapital. „Dafür gab es eben vier Wochen keine Butter aufs Brot, oder besser gesagt kein Ketchup für Eve", schmunzeln beide. Zur Edelsalami hätten sie ja schon in Deutschland nicht gegriffen.

„Norwegen ist kein Schlaraffenland, hier muss jeder genauso hart arbeiten und sich um Anschluss bemühen wie anderswo auch", stellt Lutz klar. Wer dazu bereit sei, könne viel Neues entdecken. Lutz geht regelmäßig angeln, was in Norwegen am Meer und an den Fjorden jedem erlaubt und kostenlos möglich ist. Den gefangenen Armbrustdorsch isst mittlerweile auch Eve gern, die an „Flossengetier" früher allenfalls mal Fischstäbchen verspeist hat. Auf Langlaufskiern hätte sich die Berlinerin vor einem Jahr genauso wenig gesehen. Und schon gar nicht in dieser Abgeschiedenheit hier über dem Polarkreis, wohin sich kaum ein Tourist verirrt.

Sorgfältige Vorbereitung, die Bereitschaft zu harter Arbeit und ein bisschen Mut zur Verrücktheit – damit stehen die Chancen gut, als Auswanderer einmal mit Eves und Lutz' Worten sagen zu können: „Unser neues Leben lässt sich nicht beschreiben. Es ist einfach schön."

Vokabeln

Die wichtigsten Vokabeln

Die nachfolgenden Seiten sollen Ihnen als Wegweiser dienen, mit dem Sie mühelos zu den richtigen Anlaufstellen finden. „Vær så god." Was das bedeutet? Sehen Sie einfach selbst nach: im kleinen Sprachführer, der ebenfalls in diesem Kapitel zu finden ist.

❧ Die wichtigsten Vokabeln

Mit den nachstehenden Vokabeln und Phrasen kommen Sie rasch mit Norwegern ins Gespräch. Bei den Phrasen gibt es dabei eine zusätzliche Erleichterung: Damit Sie sich die Sätze leichter einprägen können, finden Sie in der rechten Spalte der Tabellen eine Hilfsumschreibung zur Aussprache. Wohlgemerkt: Diese Starthilfe ist inoffiziell und stark vereinfacht, da bewusst für absolute Anfänger konzipiert. Lykke til!

Deutsch	Norwegisch	Aussprache
Ich bin ...	Jeg er ...	„jäi är"
Ich habe ...	Jeg har ...	„jäi hahr"

Höflichkeitsphrasen

Deutsch	Norwegisch	Aussprache
Bitte. (im Sinne von „Sei so nett.")	Vær så snill.	„wahrscho ßnill"
Bitte. (wenn Sie jemandem etwas überreichen)	Vær så god.	„wahrscho guh"
Danke. / Danke schön./ Vielen Dank. / Tausend Dank.	Takk. / Takk skal du ha. / Mange takk. / Tusen takk.	„tack / tack skall dü hah / mange tack / tüßen tack"
Keine Ursache.	Ingen årsak. / Det skulle bare mangle.	„ingen ohrßak / de skülle bare mangle"
Entschuldigung. / Entschuldigen Sie. / Entschuldige.	Unnskyld.	„ünnschüll"
Das macht nichts.	Det gjør ingenting.	„de jöhr ingenting"
Ist in Ordnung.	Helt i orden.	„helt i orden"
Gleichfalls. (wenn Sie jemandem auf gute Wünsche antworten)	I like måte.	„i lieke mohte"

Vorstellung

Deutsch	Norwegisch	Aussprache
Mein Name ist ...	Navnet mitt er ...	„nawne mitt är"
Ich heiße ...	Jeg heter ...	„jäi hehter"
Wie heißt Du?	Hva heter du?	„wa hehter dü"
Sprichst du/ Sprechen Sie Deutsch/ Englisch/ Norwegisch?	Snakker du tysk/ engelsk/ norsk?	„snacker dü tüsk/ängelsk/ norsk"
Ich komme aus ...	Jeg kommer fra ...	„jäi kommer frah"
Woher kommst du?	Hvor kommer du fra?	„wur kommer dü frah"

Die wichtigsten Vokabeln

Deutsch	Norwegisch	Aussprache
Danke für das Essen. (wird vor dem Essen gesagt)	Takk for maten.	„tack for maten"
Wohl bekomm's. (Antwort des Gastgebers)	Vel bekomme.	„well bekomme"

Begrüßung, Verabschiedung

Deutsch	Norwegisch	Aussprache
Guten Tag/ Morgen/ Abend/ Nacht.	god dag/morgen/ kveld/ natt	„guh dahg/ morn/kwell/ natt"
Hallo.	Hei.	„hej"
Wie geht es dir?	Hvordan har du det? / Har du det bra?	„wurdan hahr dü de"/ „hahr dü de bra"
Danke, gut.	Takk bare bra.	„tack bahre bra"
Schön, dich wie-derzusehen.	Takk for sist.	„tack for ßißt"
Auf Wie-dersehen.	På gjensyn. / Takk for meg.	„poh jenßühn" / „tack for megg"
Bis später.	Vi snakkes.	„wi snahkkes"
Mach's gut. / Tschüss.	Ha det. / Ha det bra. / Ha det godt.	„hah de / hah de bra / hah de gott"

Aussprache

Dort, wo keine Erläuterung steht, ähnelt die norwegische Aussprache der deutschen.

Buch-stabe	Aussprache
A	- etwas tiefer als im Deutschen
B	- am Wortende stimmlos (wie im Deutschen die so genannte Auslautver-härtung, z.B. bei „Dieb/p", „Tag/k", „Bad/t")
C	
D	- nach langem Vokal sowie nach l/n/r nicht mitgesprochen
E	
F	
G	- am Wortende wie „g" - vor j/y wie „j" - in der Kombination -ig nicht mitgesprochen
H	- vor v/j nicht mitgesprochen
I	
J	
K	- vor i/y/ei und in der Kombination kj/tj wie „ch" (wie im Deutschen bei „ich")
L	
M	
N	
O	- „u" fast immer - „o" vor doppelten Konsonanten
P	
Q	

Die wichtigsten Vokabeln

Buch-stabe	Aussprache
R	- rollendes „rr"
	- vor n/l/d/t wie das englische Zungenspitzen-„ar"
	- in der Kombination rs wie „sch"
	- wird grundsätzlich gesprochen (auch am Wort- oder Silbenende, wo es im Deutschen verschluckt wird)
S	- immer scharf (auch am Wortanfang)
	- in der Kombination sl/skj/sj wie „sch" (Oslo wird „Uschlu" ausgesprochen)
T	
U	- fast immer wie „ü"

Buch-stabe	Aussprache
V	- wie „w"
X	
Y	- ein spitzes „ü", wie ein Zwischenton aus „ü" und „i"
Z	
Æ æ	- überoffenes „a", wie eine Mischung aus „äh" und „ah"
Ø ø	- wie „ö"
Å å/ AA aa	- kehliges „o" (wie im Deutschen beim „Ohr")

Redensarten

Mit ein paar Redensarten auf der Zunge gehören Sie schnell dazu. Gehen Sie jedoch sparsam damit um, wenigstens so lange, bis Sie Ihren Gesprächspartner einschätzen können.

Deutsche Bedeutung	Redensart
Das ist genauso schwierig, wie Zahncreme wieder in die Tube zurückzudrücken.	Det er like vanskelig som å få tannkrem inn igjen i tuben.
Alles in Ordnung!	Saken er biff. („Die Sache ist Beefsteak.")
Gut' Ding will Weile haben.	Hastverk er lastverk.
Morgen ist auch noch ein Tag.	I morgen er det atter en dag.
Den lieben Gott einen guten Mann sein lassen.	la humla suse („die Hummel summen lassen")
Das kommt mir Spanisch vor.	Det er gresk for meg. („Das ist mir Griechisch.")
Jemandem zeigen wo es lang geht.	å vise noen vinterveien („den Winterweg zeigen")
Gleich und gleich gesellt sich gern.	Krake søker make.
Eine wilde Mischung.	hummer og kanari („Hummer und Kanarienvogel")
kinderleicht	Være bare barnemat („Kinderessen sein")
schwafeln	Sette kjeften i frigir („den Mund auskoppeln")
Dumm wie Brot.	Være sprø som knekkebrød („knusprig wie Knäckebrot")

Die wichtigsten Vokabeln

Fragewörter

Norwegisch	Deutsch
hva	was
hvem	wer
hvor	wo
hvordan	wie
hvorfor	wieso
når	wann

Zahlen

Norwegisch	Deutsch
null	null
en	eins
to	zwei
tre	drei
fire	vier
fem	fünf
seks	sechs
sju	sieben
åtte	acht
ni	neun
ti	zehn
elleve	elf
tolv	zwölf
tretten	dreizehn
fjorten	vierzehn
femten	fünfzehn
seksten	sechzehn
sytten	siebzehn
atten	achtzehn
nitten	neunzehn
tjue	zwanzig
tjueen	einundzwanzig
tretti	dreißig

Norwegisch	Deutsch
førti	vierzig
femti	fünfzig
seksti	sechzig
sytti	siebzig
åtti	achtzig
nitti	neunzig
hundre	hundert
hundreogen	hundertundeins
tusen	tausend

Ordnungszahlen

Norwegisch	Deutsch
den	erste
annen	zweite
tredje	dritte
fjerde	vierte
femte	fünfte
sjette	sechste
sjuende	siebte
åttende	achte
niende	neunte
tiende	zehnte

Wochentage

Norwegisch	Deutsch
mandag	Montag
tirsdag	Dienstag
onsdag	Mittwoch
torsdag	Donnerstag
fredag	Freitag
lørdag	Samstag
søndag	Sonntag

Die wichtigsten Vokabeln

Monate

Norwegisch	Deutsch
januar	Januar
februar	Februar
mars	März
april	April
mai	Mai
juni	Juni
juli	Juli
august	August
september	September
oktober	Oktober
november	November
desember	Dezember

Zeitangaben

Norwegisch	Deutsch
daglig	täglich
f.o.m. (fra og med)	ab einschließlich
t.o.m. (til og med)	bis einschließlich
ikke dag 7	außer Sonntag
i dag	heute
i morgen	morgen
i går	gestern
år	Jahr
måned	Monat
dag	Tag
uke	Woche
dato	Datum
nå	jetzt
aldri	nie
kort	kurz
minutt	Minute
time	Stunde

Norwegisch	Deutsch
ettermiddag	Nachmittag
morgen	Morgen
aften	Abend
middag	Mittag
stadig	immer

Verhältniswörter

Norwegisch	Deutsch
av	auf
bak	hinter
blant	unter
etter	nach
for	für
før	vor
fra	von
gjennom	durch
hos	bei
i	in
imellom	zwischen, inmitten
langs	längs
med	mit
mot	gegen
nær	nahe von
over	über
på	auf; an, in, nach, zu; um
rundt	um herum
siden	seitlich
til	zu
tilbake	zurück
under	unter
unna	weg von
ut	aus
uten	ohne
ved	neben

Die wichtigsten Vokabeln

Bindewörter

Norwegisch	Deutsch
at	dass
både... og	sowohl...als auch
da	als
dersom	falls
eller	oder
enda	obwohl
enn	mehr als
enten... eller	entweder...oder
etter at	nachdem
før	bevor
fordi	weil
hvis	wenn
jo... desto	je...desto
men	aber, sondern
mens	während
og	und
om	ob
omm	wenn
så at	so dass
siden	seit
skjønt	obwohl
slikk at	so dass
som	der, die, das

Alltag

Norwegisch	Deutsch
alene	allein
åpen	offen
avis	Zeitung
bære	tragen
barn	Kind

Norwegisch	Deutsch
betale	bezahlen
bli	geschehen, werden
bo	wohnen
bolig	Wohnung
bord	Tisch
brannvesen	Feuerwehr
bukser	Hose
by	Ort, Stadt
datter	Tochter
dør	Tür
dyp	tief
ektepar	Ehepaar
få	bekommen
fare	Gefahr
flaske	Flasche
fødsel	Geburt
forretning	Geschäft
forsiktighet	Vorsicht
fortelle	erzählen
frue	Frau
gaffel	Gabel
gate	Straße
god	gut
halv	halb
het	heiß
hjelp	Hilfe
høre	hören
høyre	rechts
hund	Hund
hus	Haus
igjen	wieder
ikke	nicht
innbydelse	Einladung
ja	ja

Die wichtigsten Vokabeln

Norwegisch	Deutsch
kanskje	vielleicht
katt	Katze
kjenne	kennen
kjøpe	kaufen
kjøre	fahren
kniv	Messer
konvolutt	Brief
kopp	Tasse
kvikk	schnell
landsby, bygd	Dorf
lege	Arzt
legeme	Körper
leie	vermieten
ligne	ähneln
løpe	laufen
lykke	Glück
mål	Maß; Ziel
måltid	Essen
mann	Mann
menneske	Mensch
mor	Mutter
nei	nein
nesten	beinahe, fast
nøkkel	Schlüssel
ny	neu
pålitelig	zuverlässig
pike	Mädchen
politi	Polizei
prate	reden, sprechen
pris	Preis
riktig	richtig
saks	Schere
se	sehen, betrachten
selv	selbst

Norwegisch	Deutsch
si	sagen
skje	Löffel
sko	Schuh
skole	Schule
skrive	Schreiben
slutt	Ende
snake	reden, sprechen
sol	Sonne
sønn	Sohn
sove	schlafen
spørsmål	Frage
stå	stehen
stol	Stuhl
stor	groß
sykdom	Krankheit
synes	meinen, dafür halten
ta	fassen, nehmen
takk	danke
tale	reden, sprechen
tenke	denken
ting	Gegenstand
tom	leer
trappe	Treppe
trikke	trinken
unnskylde seg	sich entschuldigen
usann	falsch
værelse	Zimmer
vakker	schön
vanlig	üblich, gewöhnlich
veldig	sehr
venn	Freund
venstre	links
verden	Welt
ville	wollen

Die wichtigsten Vokabeln

Lebensmittel

Norwegisch	Deutsch
baker	Bäcker
drue	Traube
egg	Ei
eple	Apfel
fisk	Fisch
fløte	süße Sahne
frukt	Frucht
grønsak	Gemüse
grovbrød	Graubrot
hvetebrød	Weißbrot
jogurt	Joghurt
kake	Kuchen
kalvekjøtt	Kalbfleisch
kylling	Hähnchen
laks	Lachs
mel	Mehl
melk	Milch
oksekjøtt	Rindfleisch
ost	Käse
pepper	Pfeffer
rundstykker, bolle	Brötchen
salt	Salz
sjokolade	Schokolade
skinke	Schinken
smør	Butter
spisekart	Speisekarte
sukker	Zucker
syltetøy	Marmelade
vegetarisk	vegetarisch

Verkehr

Norwegisch	Deutsch
ankomst	Ankunft
avgang	Abfahrt
båt	Schiff
bil	Auto
bilferje	Autofähre
billett	Fahrkarte
bomstasjon	Mautstation
buss	Bus
fly	Flugzeug
jernbanestasjon	Bahnhof
kjør sakte	langsam fahren
lugar	Kabine
motorsykkel	Motorrad
skysstasjon/ busstasjon	Busbahnhof
tog	Zug
vegarbeidsområde	Baustelle

Personalpronomen

Norwegisch	Deutsch
jeg	ich
du	du
han (Person), den (Tier, Gegenstand)	er
hun (Person), den (Tier, Gegenstand)	sie
det	es
vi	wir
dere	ihr
de	sie

Anlaufstellen

Nützliche Adressen und Internetseiten

Den Anfang machen Behörden und Verbände in Deutschland, es folgen die wichtigsten Anlaufstellen in Norwegen. Zum Schluss seien Ihnen ein paar wertvolle Links ans Herz gelegt.

⚘ In Deutschland

Behörden

BVA Bundesverwaltungsamt – Informationsstelle für Auswanderer und Auslandsarbeitende (Zentrale)

» Barbarastraße 1
50735 Köln
Tel.: 0228 99 358 0
www.bva.bund.de

» ZAV Zentrale Auslands- und Fachvermittlung der deutschen Agentur für Arbeit
Villemombler Str. 76
53123 Bonn
Tel.: 0 228 713 0
www.ba-auslandsvermittlung.de,
www.arbeitsagentur.de

» EURES European Employment Services
Netzwerk zahlreicher örtlicher Beratungsstellen, Adressen auf Anfrage
Tel.: 00800 40 80 40 80
Mo–Fr 8.30–18.00 Uhr
www.europa.eu.int/eures

» Deutsche Rentenversicherung Nord
Ziegelstraße 150
23556 Lübeck
Tel.: 0451 485 0
www.deutsche-rentenversicherung-nord.de

» Deutsche Rentenversicherung
Knappschaft-Bahn-See
Pieperstraße 14–28
44789 Bochum
Tel.: 0234 304 0
www.kbs.de

» DVKA Deutsche Verbindungsstelle
Krankenversicherung
Pennefeldsweg 11–15
53117 Bonn
Tel.: 0228 95 300
www.dvka.de

Verbände

» Raphaels-Werk Dienst am Menschen
unterwegs e. V.
Adenauerallee 41
20097 Hamburg
Tel.: 0900 1010406 (Beratung)
Di 16:00-19:00 Uhr
Do 9.30-12.00 Uhr und
Do 14.00-16.00 Uhr
www.raphaels-werk.de

Nützliche Adressen und Internetseiten

» Evangelische Auslandsberatung für Aus-
wanderer, Auslandstätige und
Ausländer-Ehen e. V.
Rautenbergstr. 11, IV.
20099 Hamburg
Tel.: 040 24 48 36
Mo-Do 10.00–16.00 Uhr
http://ev-auslandsberatung.de

☙ In Norwegen

Deutsche Vertretungen und Verbände

» Botschaft der Bundesrepublik
Deutschland
Oscars gate 45
0244 Oslo
Tel.: 23 27 54 00
Tel.: 23 27 54 30 (Passangelegenheiten)
Tel.: 90 85 08 02 (Bereitschaftsdienst)
Mo-Fr 8.30-11.30 Uhr
www.oslo.diplo.de

» Deutsch-Norwegische Handelskammer
Postadresse:
Postboks 603 Skøyen
0214 Oslo
Besucheradresse:
Drammensveien 111 B
0273 Oslo
Tel.: 22 12 82 10
Mo-Fr 9-17 Uhr
www.handelskammer.no

Norwegische Behörden

» Norge.no
(Service der öffentlichen Stellen)

» www.norway.no (englisch),
www.norge.no (norwegisch)

Unverzichtbar! Kompletter Wegweiser für öffentliche Adressen, Telefonnummern, Anfragen
per Tel.: 800 30 300
per E-Mail: info@norway.no
per SMS mit dem Text
„INFO <hier tippen Sie Ihre Frage auf englisch
ein>"
und schicken Sie diesen an die Nummer 1980.

» Polizei
Polizeidirektorat Oslo:
Grønlandsleiret 44
0190 Oslo
Tel.: 22 66 90 50
Kristiansand:
Tollbodgata 45
4600 Kristiansand
Tel.: 38 13 60 00
www.politi.no

» Norwegisches Zentralamt für Ausländer-
fragen, Einwanderbehörde
Utlendingsavdelingen (UDI)
Storgata 33
Postboks 8101 Dep.
0032 Oslo
Tel.: 23 35 15 00 (Direktorat)
Tel.: 23 35 16 00 (Informationsservice)
www.udi.no

Nützliche Adressen und Internetseiten

» UDI „Servicecenter":
Hausmanns gate 21
0182 Oslo
Mo-Fr 09.00-14.30

» Zollamt
Toll- og avgiftsdirektoratet
Schweigaards gate 15
Postboks 8122 Dep.
0032 Oslo
Tel.: 22 86 03 00 (Zentrale)
Tel.: 7 22 86 08 50 (Informationsservice)
www.toll.no

» Verwaltung für Arbeits- und Sozialwesen
NAV
Tel.: 800 33 166
Tel.: 810 33 810 (Servicehotline)
speziell für Ausländer:

» NAV Utland, Folketrygdkontoret for
utenlandssaker
Postadresse:
Postboks 8138 Dep.
0033 Oslo
Besuchsadresse:
Langkaia 1
N-0150 Oslo
Tel.: 23 31 13 00
www.nav.no

» NAV „Service Centre for Foreign
Workers"
Schweigaards gate 17
Oslo
Mo-Fr 9-14.30 Uhr (15. Mai–14. Sept.),
und 9-15.00 (15. Sept.–14. Mai)

» EURES European Employment Services
Netzwerk zahlreicher örtlicher Beratungsstellen, Adressen auf Anfrage

» NAV EURES Oslo
Postadresse:
Postboks 326 Alnabru
0614 Oslo
Besucheradresse:
Øvre Slottsgate 11
0614 Oslo
Tel.: 21 06 76 50
Tel.: 800 33 166 (Servicehotline)
Mo–Fr 08.00–15.30 Uhr
http://eures.europa.eu

» Arbeitsaufsichtsbehörde
Direktoratet for Arbeidstilsynet
Postboks 8103 Dep.
0032 Oslo
Tel.: 22 95 70 00
Tel.: 815 48 222 (Informationsservice)
www.arbeidstilsynet.no

» Steuerbehörde
Skatteetaten
Speziell für Ausländer:
Sentralskattekontoret for utenlandssaker
(SFU)
Postboks 8031
4068 Stavanger
Besucheradresse:
Lagårdsveien 46
4010 Stavanger
Tel.: 51 96 96 00
Tel.: 800 80 000 (Hotline)
Mo–Fr 8.00–15.30 Uhr
www.skatteetaten.no

Nützliche Adressen und Internetseiten

» Amt für Tiergesundheit und
Lebensmittelsicherheit
Mattilsynet
Postadresse:
Postboks 383
2381 Brumunddal
Besucheradresse:
Ullevålsveien 76
0454 Oslo
Tel.: 23 21 68 00
www.mattilsynet.no

» Zentralstelle für die Zulassung von Perso-
nal im Gesundheitswesen
Statens Autorisasjonskontor for helseper-
sonell (SAFH)
Postadresse:
Postboks 8053 Dep.
0031 Oslo
Besucheradresse:
Storgaten 33 A
Tel.: 21 52 97 00
www.safh.no

» Norwegische Agentur zur Qualitätssiche-
rung in der Bildung
NOKUT
Postboks 1708 Vika
0121 Oslo
Besucheradresse:
Kronprinsensgate 9
Tel.: 21 02 18 00
www.nokut.no

» Nationales Verkehrsamt
Statens vegvesen Vegdirektoratet
Postadresse:
Postboks 8142 Dep.
0033 Oslo
Besucheradresse:
Brynsengfaret 6A
0667 OSLO
Tel.: 02030

» Zentralamt für das Sozial- und
Gesundheitswesen
Statens helsetilsyn
Postadresse:
Postboks 8128 Dep.
0032 Oslo
Besucheradresse:
Calmeyers gate 1
Oslo
Tel.: 21 52 99 00
Mo-Fr 8.00-15.00 Uhr(15. Mai–14.
Sept.), 8.00-15.45 (15. Sept.–14. Mai)
www.helsetilsynet.no

Norwegische Verbände, Institutionen, Organisationen, Firmen

» Norwegische Rechtsanwaltvereinigung
Den Norske Advokatforening
Kr. Augusts gate 9
0164 Oslo
Tel.: 22 03 50 50

Nützliche Adressen und Internetseiten

» Gewerkschaft
Landsorganisasjonen i Norge (LO)
Youngsgate 11
0181 Oslo
Tel.: 23 06 11 50
www.lo.no

» Gewerkschaft
Akademikerne
Akersgata 16
0158 Oslo
Tel.: 23 10 34 10
www.akademikerne.no

» Volksuniversität
Folkeuniversitet Studieforbundet
Postboks 9196 Grønland
0134 Oslo
Tel.: 22 98 88 00

✻ Weitere empfehlenswerte Links:

» www.trolljenta.net
Ungeschlagen die beste Internetadresse
für Auswanderer und Auswanderungswillige nach Norwegen. Die Seite von Astrid
Morid bietet alles, was man wissen muss
rund um Auswanderung, Sprache, Kultur
und Lebensart, außerdem ein reges Forum. Deutsch.

» www.fboller.de/norwegen
Private Seite mit Erfahrungsberichten von
Auswanderern, dazu Hintergrundinfor-
mationen und zahlreiche Fotos. Deutsch.

» www.norwegen.no
Informationen über Norwegen, Infos
zu Aufenthalts- und Arbeitserlaubnis,
Schlagwortverzeichnis wichtiger Begriffe
bei norwegischen Behörden. Englisch.

» www.nyinorge.no
Umfangreiche Seite der UDI für Immi-
granten, besonders über Arbeit, Gesundheit und Familie. Englisch.

» www.visitnorway.com
Offizielle Touristeninformationen.
Englisch.

» www.norwegenportal.de
Deutsch-Norwegische Freundschaftsge-
sellschaft, mit Newsletter, Informationen
über Leben, Arbeiten, Gesellschaft und
Kultur. Deutsch.

» www.gulesider.no
Gule Sider, die norwegischen „Gelbe
Seiten".

» www.finn.no
Allerlei-Seite für Jobs, Immobilien, Möbel
und vieles mehr. Norwegisch.

» www.ssb.no
Statistiken über Norwegen.

» www.statsaut-translator.no
Liste aller autorisierten Übersetzer.

Index

Stichwortverzeichnis

Stichwortverzeichnis

Stichwortverzeichnis

Stichwortverzeichnis

Sprinter 16, 101
Staatsbürgerschaft 57
   Staatsbürgerschaft, doppelte 57
Staatskirche 99
Stabkirche 99
Standardabzug 67
Startlån 40, 103
Startpaket Handy 45
Stavanger 9
Steuern 30, 67, 74
Stortinget 8
Strom 21, 44, 46
Studienkredit 44, 55
Studium 44, 48, 55, 73, 74, 89, 120
Supermärkte 42

T

takk 95
Telefon 15, 20, 44, 45
Telekommunikation 15, 45
Tierfutter 28
Tollwutimpfung 27
Trafikkstasjon 32, 33
Transport 16

U

Umzug 16, 19, 21, 38, 91, 101
   Transport 16, 101
   Zoll 16, 19, 21, 23
Umzugsgut 23
Unfallversicherung 49
Universität 55, 74, 88, 89

V

Varebil 32
Verfassung 8
Verhaltensweisen 95
Versicherungen .. 15, 18, 20, 30, 33, 47, 50, 65
   Auto 33
   Krankenversicherung .. 19, 47, 69, 80, 117
   Rentenversicherung ... 48, 69, 77, 80, 117
   Sozialversicherung 49, 67, 69
   Zusatzversicherungen 49, 69
Vokabeln 34, 107
VrakpantAvgift 32

W

Wirtschaft 7, 13, 55, 59
Wohnen 20, 41
   Energie 46
   Finanzierung 103
   Finanzierung 40, 68
   Kauf 20, 37, 40, 41, 103
   Miete 20, 29, 37, 50
Wörterbücher 84, 87

Z

Zeitungen .... 37, 39, 75, , 85
Zigaretten 24
Zoll 16, 19, 24, 32, 119
   Einfuhrbestimmungen 19, 24, 26, 28
   Umzug .... 17, 23. Siehe Umzug: Zoll

Auswandern nach Schweden?
Tipps von A wie Anreise bis Z wie Zoll!

Als Mitglied der Europäischen Union sind die Einreise nach sowie der Aufenthalt in Schweden für jeden Deutschen grundsätzlich problemlos. Doch das östliche skandinavische Land hat bisher einen Teil seiner Souveränität beibehalten, wodurch sich für Auswanderer erhebliche Unterschiede zu Deutschland ergeben.

Neben dem anders strukturierten Sozialsystem sollten sich Auswanderer schon in der Planungsphase einen Überblick über die Arbeitsbedingungen und mögliche Anerkennung von Abschlüssen verschaffen. Dieser Ratgeber zeigt die wichtigen Unterschiede zu Arbeitsverträgen auf und erklärt, was schon vor dem Umzug in Angriff genommen werden sollte. Auch nach dem Umzug gibt es neue und andere Regeln, wie beispielsweise das „Allemansrätt", die für einen erfolgreichen Start in das neue Leben bekannt sein sollten.

Erhältlich in Ihrer Buchhandlung